福된 나날 되시기를
마음모아 기도합니다.

작은목동, 이종인 드림

하늘 문을 여는 팔복 강해설교

너희는 이렇게 福되어라

이동원 지음

하늘 문을 여는 팔복 강해설교

너희는 이렇게 福되어라

초판 발행	2025년 4월 2일

지은이	이동원
디자인	박인선
펴낸곳	압바암마
출판등록	제2012-000093호
주소	경기도 성남시 분당구 황새울로 200번길 28, 1104-35호(수내동, 오너스타워)
전화	031-710-5948
팩스	031-716-9464
이메일	webforleader@jiguchon.org

ISBN 978-89-98362-96-6 03230
값 14,000원

너희는
이렇게
福 되어라

서문

너희는 이렇게 福(복)되어라

지금 우리는 행복에 목말라합니다.
그러나 행복은 신기루처럼 저 멀리 있습니다.
그런데 우리 주 예수님이 행복을 설교하셨습니다.
그 행복의 개념은 우리의 이해와는 많이 다릅니다.

하지만 예수님의 행복 설교는 충분히 도전적입니다.
우리가 추구할 참된 복을 일깨우고 있기 때문입니다.
그것을 우리는 산상수훈의 팔복이라고 부릅니다.
여기 참된 복을 갈망하는 물음에 대한 해답이 있습니다.

저는 평생의 목회 동안 팔복을 네 번 정도 설교했습니다.
마지막이 이천 년대를 맞이한 시기로 기억됩니다.
과거의 설교 중 현재에도 적용이 가능한 것들이 보였습니다.
그런 팔복의 핵심 교훈을 다시 찾아 나누고 싶었습니다.

어제도 오늘도 동일하신 복의 주인에게 영광을 돌립니다.
그리고 이 책으로 한 분이라도 정말 행복하셨으면 합니다.
8복에다가 +4복 메시지로 이 책을 단장했습니다.
이 책을 선물로 받는 친구 여러분, 부디 행복하십시오.

행복한 설교자, 이동원 드림

목차

01

심령이 가난한 자의 복

마태복음 5장 1-3절
[1]예수께서 무리를 보시고 산에 올라가 앉으시니 제자들이 나
아온지라 [2]입을 열어 가르쳐 이르시되 [3]심령이 가난한 자는
복이 있나니 천국이 그들의 것임이요

어느 날 운전을 하고 가다가 차 안에서 흥미로운 대중가요 가사가 제 귓전에 들려왔습니다.

"울고 있나요 당신은 울고 있나요 아 그러나 행복한 사람."

재미있는 가사라고 생각했습니다. 우는데 어떻게 행복하다고 하는지? 역설적인 가사가 저로 하여금 그다음 가사에 계속해서 귀를 기울이게 만들었습니다.

"아직도 남은 별 찾을 수 있는 그렇게 아름다운 두 눈이 있으니."

고통의 땅에서 하늘을 향해 머리를 들고 행복의 별을 찾고 있는 구도자의 마음을 보여주고 있는 것 같았습니다.

산상수훈의 첫머리에 나오는 팔복(八福)은 아직도 행복을 구도하고 있는 이들을 향한 가장 확실한 순례의 가이드라고 저는 믿습니다. 이 메시지는 행복을 찾는 모든 사람들을 위한 것입니다. 그러나 이 메시지는 특별히 행복의 주(主)가 되시는 예수 그리스도를 따라 살고자 하는 '제자들'을 위한 것입니다. 본문은 이렇게 시작됩니다.

예수께서 무리를 보시고 산에 올라가 앉으시니 제자들이 나아온지라(마 5:1)

두 종류의 그룹을 볼 수 있습니다. 먼저 예수께서 많은 무리들을 보셨습니다. 그러나 그분은 제자들이 나아와 자리를 정돈할 때까지 기다리고 계셨습니다. 제자들이 그분 앞에 자리잡을 때 그분은 비로소 입을 열어 말씀을 시작하십니다.

심령이 가난한 자는 복이 있나니 천국이 그들의 것임이요(마 5:3)

팔복의 메시지는, 행복의 산의 정상을 향해서 등정하는 사람들이 산의 모서리 한 단계를 지날 때마다 치는 베이스캠프처럼 행복의 정상에 도달하는 데 필요한 여덟 개의 캠프를 연상케 합니다.

이 팔복 가운데 첫 번째 부분은 심령이 가난한 자의 복입니다. 그들에게 약속된 복은 이것입니다.

"심령이 가난한 자는 복이 있나니 천국이 그들의 것임이요"

마음이 가난한 사람만이 천국을 소유하고 천국을 경험할 수 있다고 주님은 약속하십니다. 여기서 '천국'이라는 말의 핵심 뜻은 단순한 장소적 개념이 아닙니다. 저기 있는 어느 곳의 천국이 아닙니다. 이것은 '하나님의 다스림', '하나님의 통치'를 뜻합니다. 행복은 하나님이 통치하시는 마음, 하나님이 통치하시는 삶 속에서만 발견될 수 있다는 것입니다.

대부분의 사람들의 행복을 향한 탐구가 성공하지 못하는 이유가 어디 있을까요? 그것은 그 행복의 추구가 자기 자신 안에서, 혹은 어떤 사람들의 삶을 관찰하는 데서, 즉 사람과 더불어 시작하기 때문에 그렇습니다. 행복의 참 근원이 되시는 하나님을 만나지 않는 한 행복은 저들의 것이 될 수가 없습니다. 행복은 영원한 신기루일 수밖에 없습니다. 우리가 자주 부르는 찬송가의 가사 가운데 "복의 근원 강림하사"가 있습니다. 이 찬송가의 가사는 행복의 진정한 근원이 하나님이시라는 사실을 말씀해 주고 있습니다. 그 하나님이 우리에게 임하시지 않는 한, 그 하나님이 강림하시지 않는 한 행복은 없을 것입니다.

심령이 가난한 상태란 무엇인가?

심령이 가난한 것, 그것은 어떤 마음을 가리킵니까? 부정적으로 접근해 보겠습니다.

첫째로, 심령의 가난은 물질의 가난을 뜻하지 않습니다.

심령의 가난은 물질의 상태와는 상관이 없습니다. 주께서는 "물질적으로 가난한 자는 복이 있나니"라고 말씀하신 것이 아니고 "심령이 가난한 자는 복이 있나니"라고 말씀하셨습니다. 우리는 '가난'이라고 하면 물질적인 상태를 먼저 연상할 수가 있습니다. 그러나 주님은 물질의 가난이 아닌 심령의 가난을 말씀하고 있습니다.

물질이 가난해도 마음이 가난하지 못한 사람이 있을 수가 있습니다. 우리 북녘땅의 지도자들이 그런 것 같습니다. 물질이 가난한데 마음도 가난하지 못해서 남들이 베푸는 것도 받을 수 없는 열등감 속에 시달리고 있습니다. 우리가 그런 이웃들을 도울 때는 열등감을 보호하면서 돕는 것이 매우 중요합니다.

물질이 부요해도 마음은 가난한 사람들이 있을 수가 있습니다. 바울 사도의 전도를 받고 예수를 믿게 된, 소아시아 골로새라는 도시에 살고 있었던 부자 빌레몬이라는 사람이 바로 그런 사람입니다. 우리가 빌레몬서를 보면 바울은 이렇게 편지를 씁니다.

"네 집에 있는 교회에 편지하노니"(몬 1:2)

이 빌레몬이라는 사람은 예수 믿고 난 뒤에 자기 집을 예배 처소로 내놓았습니다. 그것이 쉬운 일이 아닙니다. 돈을 내놓는 것은 차라리 쉬운 일입니다. 그러나 자기 집을 예배 처소로 내놓는 것을 상상해 보십시오. 자기 사생활이 침해를 받을 수밖에 없습니다. 많은 성도들이 내 집에 드나들게 되잖아요. 상상해 보세요. 가난한 사람들이 자기 집에 와서 집안을 더럽혀도 나무라지 않았던 이 사람, 집안에 있는 가구보다도 집안에 드나드는 사람들의 영혼이 더 소중했던 이 사람, 그들을 섬기며 그들과 함께 하나님을 찬양하며 교제하는 것이 더 소중했던 이 사람, 그는 마음이 가난했습니다. 물질은 부요했지만 여전히 마음은 가난했던 사람이었습니다.

물질이 부요해도 마음이 가난하지 못한 사람도 있을 수가 있습니다. 공관복음서에 나타난 어떤 청년 부자 관원의 경우가 그런 사례가 될 것입니다. 그는 인생의 중요한 질문을 갖고 예수님을 찾아뵈었습니다.

"선생님이여 제가 어떻게 하여야 영생을 얻을 수가 있습니까?"

그는 참 중요한 질문, 중요한 관심을 가지고 있었습니다. 하나님에 대한 관심, 천국에 대한 관심, 구원에 대한 진지한 관심을 가지고 있었습니다. 그러나 예수님은 그 사람의 마음속에 이 관심보다 더 큰 관심이 이 중요한 관심을 누르고 있는 것을 보았습니다. 그것은 물질 소유에 대한 관심이었습니다. 물질이 그의 우상이었던 것입니다. 이 우상이 허물어지지 않는 한 그가 살아계신 하나님을 경험하는 데 어려움을 겪을 것을 주께서는 아셨습니다. 그래서 그분은 우상을 포기하라고 요구하십니다.

"네가 가진 모든 것을 팔아 가난한 사람들에게 주라 그리고 와서 나를 좇으라."

자기 영혼의 구원보다도 물질의 소유가 더 소중했던 이 사람은 이 명령을 따를 수가 없었습니다. 슬픈 기색을 띠고 주님을 등지고 떠나갔던 이 사람, 그는 물질을 포기할 만큼 마음이 가난하지 못했던 사람의 대표적인 사례라고 할 수 있습니다.

둘째로, 심령의 가난은 인위적인 자기 비하를 뜻하지 않습니다.

당신은 '마음이 가난한 사람'이라고 하면 어떤 사람의 이미지가 떠오릅니까? 괜히 쩔쩔매고 항상 사람들 앞에서 굽신대는 사람이 연상됩니까? 무엇을 부탁하면 "제가 뭐 아는 게 있어야지요. 저는 아무것도 못해요" 하는 사람이 심령이 가난한 사람일까요? 바울은 이런 겸손은 바람직하지 못하다고 말합니다. 그는 골로새서 2장 18절에서 이것을 일컬어 '일부러 겸손한 것'이라 하여 질책합니다. 이것은 율법주의적 위선과도 통하는 것입니다. 예수님은 이런 사람들을 '외식(外飾)하는 자'라고 말씀하십니다. 바리새인들의 의식 구조는 그런 것이었습니다. 말로만 겸손한 것, 제스처로만 겸손한 것, 주께서는 이런 유형의 겸손을 추구하는 사람을 가리켜 '마음이 가난한 자'라고 말씀하신 것이 아닙니다. 그 사람이 얼마나 겸허할 수 있느냐? 그것은 그 사람의 말이나 제스처를 통해서 알 수 있는 것이 아니라 그 사람의 행동을 통해서만 알 수 있습니다.

십대의 두 친구가 있었습니다. 한 사람은 예수 믿었고 한 사람은 믿지 않았습니다. 불신 친구가 어느 날 믿는 친구를 찾아다니는데 없어요. 이 시간쯤이면 이 친구는 교회당에 가서 기도할지 모른다 생각하고 달려가 보았습니다. 그 친구는 교회당에서 열심히 기도하고 있었습니다.
"하나님, 이 부족한 놈을 용서해 주세요."
기도를 끝내고 나오는 친구를 붙들고 믿지 않는 친구가 테스트해 보았습니다.
"야 이 부족한 놈아!"
"뭐 어째? 이 놈이!"
그는 부족한 놈이라고 주님 앞에서 고백했지만 그것이 그 마음속에 있는 자기를 인식하는 진정한 모습은 아니었습니다.

유명한 전도자 D. L. 무디(D. L. Moody)가 미국의 한 도시에서 큰 전도대회를 열게 되었습니다. 신문 기자가 인터뷰를 요청했는데 너무 바빠서 그 인터뷰에 응할 수가 없었습니다. 그 이튿날 신문 기사마다 큰 기사로 〈교만한 전도자 무디〉라는 비판적인 기사가 실렸습니다. 참모들이 노하기 시작했습니다. 그런데 무디는 태연했습니다. 그래서 한 사람이 무디 선생에게 "선생님, 화가 나지 않으세요? 교만한 사람이라고 비판했는데…"라고 했습니다.

"몰라서 그래. 진짜 나를 알면 그렇게 안 써. 나는 그보다도 훨씬 더 교만한 인간인 걸."

앤드류 머레이(Andrew Murray)라는 신앙인은 "자기가 겸손하다고 생각하는 사람이 최고로 겸손하지 못한 사람이다"라고 말했습니다. 자기가 겸손하다고 생각하는 그 순간 그는 겸손의 덕을 이미 잃어버린 것입니다.

심령의 가난함, 이것은 결코 인위적인 자기 비하의 상태를 의미하지 않습니다.

그러면 어떤 것이 마음의 가난일까요? 여기서 '가난하다'의 헬라어는 '프토코스'(ptochos)입니다. 이 단어는 철저하게 가난한 상태를 의미합니다. 보통 가난이 아닙니다. 보편적인 가난을 뜻하는 단어는 따로 있습니다. 그러나 예수님은 일부러 아주 급진적인 단어, 철저한 가난을 지칭할 때 사용하는 단어를 썼습니다. 이것은 상대적인 가난이 아닙니다. 우리는 서울 변두리에 사는 어떤 사람들을 가리켜서 "저들은 지금 경제적으로 어렵다"고 말할 수 있습니다. 그러나 그들을 오늘 북한의 현실 한복판에 갖다 놓으면 그들은 북한에서 가장 잘 사는 당원 축에 속하는 사람입니다. 우리가 이것을 상대적인 가난이라고 말합니다.

주님이 말씀하시는 가난은 그런 유형의 가난이 아닙니다. 그것은 철저한 가난, 절대적인 가난입니다. 파산 지경에 처한 가난입니다. 그러나 그 사실만 의미하지 않습니다. 따라서 이러한 궁지에 처한 사람은 다른 사람의 자선에 의존하지 않고는, 다른 사람의 도움에 의지하지 않고는 생존 그 자체가 불가능한 사람입니다. 여기서 머물지 않습니다. 한 걸음 더 나아가서, 이 가난한 사람은 자기를 도울 수 있는 대상을 흠모하는 사람입니다. 그리고 자기를 도울 수 있는 부요한 사람을 참으로 의존할 줄 아는 사람, 그것이 '가난한 사람'의 뜻입니다.

제가 이것을 영적으로 적용해 보겠습니다. 우리가 구원 받는데 하나님 앞에 나는 구원받을 자격이 있다고 주장할 수 있는 사람이 누가 있습니까? 나의 행실, 나의 의(義)를 가지고 전능하신 하나님 앞에 설 수 있다고 주장할 수 있는 사람이 우리 가운데 누가 있을까요? 아무도 없습니다. "의인은 없나니 하나도 없다"고 로마서 3장 10절은 말씀합니다. 내가 최고로 자랑하는 나의 의가 하나님 보시기에는 더러운 걸레에 지나지 않는다고 성경은 가르칩니다.

나의 의, 나의 선(善)을 가지고 주님 앞에 설 사람은 아무도 없습니다. 그래서 나는 내 불의를 알기에 의로우신 하나님 앞에 달려갑니다. 하나님이 나의 의인 것을 알고 의로우신 하나님을 의지합니다. 주께서는 이런 죄인 된 자기 상태를 인정하고 주님 앞에 나와 의로우신 그분을 의지하는 자를 의롭다고 해주십니다. 이렇게 하나님을 의지하는 사람이 심령이 가난한 사람입니다.

이것은 구원의 사건에만 적용될 수 있는 것이 아닙니다.

오늘 하루 어떻게 승리의 삶을 살 수가 있을까요? 내 도덕적인 결단만 가지고 승리의 삶, 하나님을 기쁘시게 하는 삶을 살 수 있다고 믿으십니까? 지금까지 우리는 이러한 노력을 부단히 해왔습니다. 그렇지만 우리는 항상 실패했습니다. 내 행동이, 내 노력이 나를 세울 수 없다는 사실 때문에 우리는 넘어질 때마다, 피투성이가 될 때마다 다시 일어나 주님 앞에서 주의 자비를 구합니다. "주여, 주님을 기쁘시게 하는 삶조차도, 오늘 하루의 승리조차도 하나님의 도움 없이는, 하나님의 자비가 없이는, 하나님의 긍휼이 없이는, 하나님의 사랑이 없이는 가능하지 않습니다"라고 주님을 의지하는 그 순간 갑자기 나는 강해지는 자신을 발견합니다. 그렇습니다. 나의 부족함을 알기에 충만하신 그분에게로 달려가는 사람, 나의 불의를 알기에 의로우신 주께로 달려갈 줄 아는 사람, 나의 부정을 알기에 거룩하신 그분에게로 달려가서 그 하나님의 거룩과 하나님의 영광과 하나님의 능력을 사모하며 그분을 기대하는 사람, 이것이 바로 심령이 가난한 사람인 것입니다. 그리고 이런 자리에 도달하게 되면 이 사람은 거의 자기 자신을 의식하지 않습니다. 그는 자기를 부요케 하시는, 자기를 채우시는 하나님을 향한 열망으로 가득 차 있습니다. 이것이 심령이 가난한 사람의 모습입니다. 아직도 내가 나를 의식하는 자리에서 벗어나지 못하고 있으면, 이 사람은 심령이 가난한 상태에 이르지 못한 사람입니다.

이런 우스갯소리를 들은 적이 있습니다. 북한에 지금 식량난이 극심합니다. 그래서 북한의 쥐도 굶주리고 있다는 것입니다. 또 쥐들에게도 통행의 자유가 제한되고 있기 때문에 먹을 것을 구하기가 무척 어렵다는 것입니다. 그 가운데 아이큐 좋은 어떤 쥐가 꾀를 냈어요. 가만 보니까 새들은 마음대로 날아다니더라고요. 그래서 미스터 쥐가 미스 새를 꼬시기 시작했습니다. 둘은 사랑에 빠졌습니다. 그리고 사랑의 절정에서 이 쥐는 자신의 히든 카드를 끄집어 냈습니다.

"미스 새, 너는 아무 데나 날아다닐 수 있으니까 아무개 당원집에 가면 우리가 필요한 식량을 구할 수 있을 거다."

문제없다고 하고 새가 날아가 보니까 정말 그 집에 풍성한 양식이 있었습니다. 그 양식을 가지고 당장 자기 사랑하는 미스터 쥐에게 날아왔습니다. 그리고 음식을 갖다 놓았어요. 오랫동안 굶주렸던 쥐가 자기 애인 새가 날라다 준 음식을 바라본 순간 뭐라고 했을까요?

"여보, 우리 쥐도 새도 모르게 다 먹어치우십시다."

하도 배고파서 그 풍요 앞에 자기가 누구인가를 망각했습니다.

내 가난을 채울 수 있는 하나님의 영광과 그 풍성 앞에 설 때 자기를 망각할 정도로 하나님에 대한 갈망으로 가득 차 있는 사람, 바로 이것이 마음의 가난함인 것입니다.

┃ 어떻게 심령이 가난한 사람이
┃ 될 수 있는가?

첫째로, 하나님의 눈으로 자신을 평가해 보십시오.

내 눈으로 나를 평가하는 것이 아닙니다. 이웃의 눈으로, 이웃의 잣대로 나를 평가하려고 하는 것이 아닙니다. 이 사회가 요구하는 기준에 따라 내 인생을 평가해 보는 것도 아닙니다. 하나님의 눈으로 나를 평가해

보신 적이 있습니까? 그때 나는 어떤 사람이었습니까?

구약성경에 보면 이사야라는 사람이 있습니다. 그는 궁중을 마음대로 출입할 수 있었던 귀족의 아들이었습니다. 그는 경건한 사람이었습니다. 그 시대의 많은 청년처럼 도덕적인 허무주의에 빠지지 않았습니다. 그는 도덕적으로 매우 깨끗한 사람이었습니다. 그러나 그 나라 왕인 웃시야가 죽던 날 비감한 심정으로 성전에 들어갔습니다. 예배를 드리는 순간, 그날 예배에는 하나님의 임재가 충만했습니다. 거룩하신 하나님, 영광의 하나님, 능력의 하나님이 운행하고 있었습니다. '내가 거룩하신 주님 앞에 서 있다'는 사실을 깨닫는 순간, 그는 그 거룩하신 하나님 앞에서 상대적으로 거룩하지 못한 자신의 모습을 발견했습니다. 그의 입술에서는 이런 고백이 쏟아져 나왔습니다.

> 화로다 나여 망하게 되었도다 나는 입술이 부정한 사람이요 나는 입술이 부정한 백성 중에 거주하면서 만군의 여호와이신 왕을 뵈었음이로다(사 6:5)

거룩하신 하나님의 거울로 나를 바라보는 순간, 그 하나님 앞에 내 부정한 모습이 드러나는 순간, "화로다 나여 망할 수밖에 없는 나여"라고 외칠 수밖에 없었습니다. 이것이 바로 하나님의 눈으로 바라본 자신의 모습이었습니다(사 6장).

신약의 시몬 베드로를 보십시오(눅 5:1-11). 그는 갈릴리 바다에 그물을 내려 고기를 잡던 순박한 어부였습니다. 그는 도덕적으로 특별히 질이 나쁜 죄를 범한 사람은 아니었습니다. 어느 날 그가 그물을 내려가며

밤새도록 고생을 했지만 그날따라 한 마리의 고기도 잡지 못해 허탈해 하고 있었던 새벽, 그 곁에 나사렛 예수께서 다가오셨습니다. 그분은 바다를 모르는 목수 출신이었습니다. 그러나 그분은 시몬 베드로에게 "좀 더 깊은 곳으로 나가 그물을 내려보라"고 말씀하셨습니다. 그분의 말씀에는 거역할 수 없는 어떤 권위가 실려 있었습니다. 그래서 시몬 베드로는 이렇게 대답합니다.

"말씀에 의지하여 그물을 한번 내려보겠습니다."

그리고 좀 더 깊은 곳에 나아가 그물을 내리는 순간, 그물이 찢어지도록 고기가 잡히기 시작했습니다. '아 놀랍네요!' 이런 고백을 토할 수 있는 장면에서 시몬 베드로는 전혀 엉뚱한 고백을 했습니다.

"주여 나를 떠나소서 나는 죄인입니다."

왜 이런 고백이 나왔을까요? 바다의 깊은 곳을 보지도 않고 헤아려 아시는 저분, 고기떼의 흐름과 행방을 아시는 저분, 저분은 누구일까? 더 이상 그분은 자기 앞에 서 있는 존경할 만한 스승이 아니라 바로 하나님이셨습니다. 하나님 앞에 서는 순간, 바다의 깊은 곳을 아시는 전지하신 그분 앞에 서는 순간, 바다의 저 깊은 곳을 헤아려 아시고 고기떼의 흐름을 아시는 저분이 내 과거를 모르실까? 내 부끄러움을 모르실까? 내 범죄를 모르실까?

"주여 나를 떠나소서 나는 죄인입니다."

당신은 이 하나님의 눈으로 자신을 바라보신 적이 있습니까? 이러한 사람은 결코 교만할 수가 없습니다. 심령이 가난해지기를 원하십니까? 전능자의 눈으로 자신을 평가하십시오.

둘째로, 전능하신 하나님의 도움과 기대를 받아들이십시오.

저는 가난한 집안에서 태어나고 자란 사람입니다. 가난한 사람일수록 열등감이 강합니다. 그래서 저도 누구에게 도움 받는 것을 비굴한 것으로 생각했습니다. 되도록 다른 사람의 도움을 받지 않기 위해서 몸부림치면서 살았습니다. 어느 날 폴 트루니에(Paul Tournier)라는 스위스의 한 크리스천 의사가 쓴 책을 보다가 저의 이런 생각을 뒤집어 놓는 문장을 대하게 되었습니다.

"교만한 사람은 선물을 받을 수 없는 사람이다."

남의 도움을 받을 수 없는 사람, 그것을 수용할 수 없는 사람이 가장 교만한 사람이라는 지적이었습니다.

'아, 정말 그렇구나. 자신이 부족한 것을 인정할 줄 모르고 도움을 받을 수 없는 사람이라면 그건 정말 교만한 사람이지.'

저는 그날부터 이웃의 도움을, 그리고 전능하신 하나님의 도움을 겸허히 받아들이는 삶을 훈련하기 시작했습니다.

이사야의 고백을 들어보십시오.

"화로다 나여 망하게 되었도다."

자신의 죄인 됨을 발견하고, 있는 모습 그대로를 주 앞에 내놓고 용서를 구하는 그 순간, 주께서 말씀하십니다.

네 악이 제하여졌고 네 죄가 사하여졌느니라(사 6:7)

용서가 선포되었습니다.

그러나 거기서 끝나지 않았습니다. 하나님의 용서를 받아들이고 있었던 이사야를 향해서 주께서 계속 말씀하십니다.

"이제 누가 나를 위하여 저 세상으로 나갈꼬?"

하나님의 용서를 받아들이고 치료를 받아들이는 사람, 그를 통해서 이 용서의 복음을 선포할 사람을 부르십니다. 이것은 이사야에 대한 은근한 기대였습니다. 이 기대 앞에 이사야는 어떻게 응답했습니까? 용서받기 전으로 돌아가서 "하나님, 제가 망할 사람인 것을 아시잖아요. 제가 어떻게 나가서 일을 할 수 있어요?"라고 응답하지 않았습니다. 어떻게 응답했습니까?

내가 여기 있나이다 나를 보내소서(사 6:8)

"나를 용서하신 주님, 나를 새롭게 하신 주님, 주님이 원하시면 나를 사용하실 수 있습니다. 이제 나를 보내십시오."

이 하나님의 손길을 받아들이고 그 손길 앞에 자신을 맡길 수 있는 사람, 이 사람이 바로 심령이 가난한 사람인 줄 믿으시기 바랍니다.

시몬 베드로의 사건을 보십시오.

"주여 나를 떠나소서 나는 죄인이로소이다."

자신의 죄인 됨을 고백하며 전능자 앞에 자기 과거를 털어놓고 있는 베드로를 향하여 주님은 어떻게 하셨습니까? 성경에 자세히 묘사되어 있지 않지만 주께서는 한없는 연민과 자비로 이 제자를 보고 계셨을 것입니다. 그것은 용서의 몸짓이었습니다. 그리고 주께서는 아마 빙그레 웃으시면서 베드로를 향하여 소리쳐 말씀하셨을 것입니다.

"베드로야 일어나라. 그리고 나를 따라오너라. 이제 후로는 네가 사람을 취하리라. 이제부터는 네가 사람을 만나서 사람을 변화시켜야 해. 사람들을 구원해야 해. 그리고 사람들을 섬겨야 해."

베드로는 "제가요? 저 같은 사람이 뭘 할 수 있어요. 저는 못해요. 저의 무능함을 주께서 아시잖아요?"라고 응답하지 않았습니다. 그 대신 그는 "나의 모든 것을 아시는 주님, 그러고도 나를 받아주시고 나를 수용하신 주님이 원하신다면 할 수 있습니다"라고 대답했습니다. 이제 사람들을 변화시키는 새로운 삶을 위하여 일어나 그물을 버려두고 예수를 좇기 시작했습니다. 그는 하나님의 도우심과 하나님의 기대를 받아들였습니다.

심령이 가난한 사람은 자기의 상태를 인식하되 그것 때문에 주 앞에서 물러나는 것이 아니라 주님의 용서를 받아들이고 주님의 기대를 수용하며 하나님의 기대 앞에 자신을 내어맡길 수 있는 사람입니다. 이와 같이 심령이 가난한 자는 복이 있을 것입니다.

우리가 자주 부르는 찬송가의 가사 가운데 이런 가사가 있습니다.

"만세 반석 열리니 내가 들어갑니다 창에 허리 상하여"(찬 494장)

이 찬송가 가사의 3절을 혹시 기억하십니까?

"빈손 들고 앞에 가 십자가를 붙드네 의가 없는 자라도 도와주심 바라고 생명샘에 나가니 나를 씻어 주소서"

내가 불의하기 때문에 의로우신 주님 앞에 달려갑니다. 내가 부정하기 때문에 거룩하신 주님 앞에 달려갑니다. 그러면 나의 거룩하고 부요하신 주님은 나에게 구원을 선포하시며, 그분을 의지할 때 나를 도와주십니다. 여기에 심령이 가난한 자의 복이 있습니다.

심령이 가난한 자는 복이 있나니 천국이 그들의 것임이요(마 5:3)

여기서 강조된 단어는 '그들의 것'이라는 말입니다. 그래서 더 정확하게 번역하면 '천국이 그들만의 것이다'라는 것입니다. 마음이 가난한 사람, 이 사람들만이 천국을 소유할 것입니다. 심령이 가난한 자들이 천국을 경험할 것입니다. 그들이 하나님의 다스림과 통치를 경험할 것입니다. 주께서 나를 새롭게 빚어 만드십니다.

"심령이 가난한 당신은 복이 있나니 천국이 당신의 것입니다."

02

애통하는 자의 복

마태복음 5장 1-4절
[1]예수께서 무리를 보시고 산에 올라가 앉으시니 제자들이 나아온지라 [2]입을 열어 가르쳐 이르시되 [3]심령이 가난한 자는 복이 있나니 천국이 그들의 것임이요 [4]애통하는 자는 복이 있나니 그들이 위로를 받을 것임이요

고대 그리스의 설화 가운데 이런 이야기가 있습니다. 현실 세계의 삶을 마치고 사후 세계로 가기 위해서 그 경계선상에 도달한 한 여인이 있었습니다. 그녀는 이제 스틱스(Styx) 강을 건너야만 했습니다. 다음으로 레테(Lethe)의 강에서 강물을 마시고 건너야 했습니다. 거기서 이 여인은 웨이론이라는 이름을 가진 한 요정을 만납니다. 요정은 여인에게 "이 강을 건너기 전에 물을 마시겠습니까?"라고 질문을 합니다. "제가 꼭 그 물을 마셔야만 합니까?"라고 되물었을 때 요정은 "이 물을 마시면 이 세상에서의 모든 고통을 다 잊을 수가 있거든요" 하고 대답했습니다. 이 말은 들은 여인은 이렇게 말했습니다.

"빨리 그 샘물을 마실 수 있게 해주십시오. 저는 정말 이 세상의 모든 슬픔을 잊고 싶습니다."

그때 요정은 "그러면 당신은 이 세상의 모든 기쁨도 잊어버릴 것입니다"라고 했습니다. 이 여인은 다시 "나는 이 세상의 모든 실패의 아픈 기억을 다 지우고 싶습니다"라고 했습니다. 요정은 "그러면 당신은 성공의 모든 기억도 망각할 것입니다"라고 했습니다.

"저는 어서 속히 모든 상처를 잊어버리고 싶어요."

다시 요정은 대답하기를 "그러면 당신은 동시에 모든 사랑을 다 망각해 버릴 것입니다"고 했습니다. 한참을 생각하다가 이 여인은 "그러면 저는 그 물을 마시지 않겠습니다"하고 대답을 했다는 얘기입니다.

이 설화는 우리가 인생을 살면서 기쁨과 동시에 슬픔을, 성공과 동시에 피할 수 없는 실패를, 그리고 사랑과 동시에 피할 수 없는 상처를 경험하게 된다는 사실을 가르쳐주고 있습니다. 그래서 결과적으로 인생의 길에서 애통은 피할 수가 없는 것입니다.

그런데 예수님은 본문을 통해서 "애통하는 자는 복이 있나니 그들이 위로를 받을 것임이요"라고 말씀합니다. 흔히 생각하기에 애통은 저주입니다. 그런데 주께서는 오히려 애통을 축복이라고 말씀하십니다. 이것은 일종의 역설의 말씀이 아닐 수 없습니다. 도대체 여기서 애통의 의미는 무엇일까요?

'애통'이란 무엇인가?

애통의 참된 의미, 주께서 가르치신 성경적 의미의 애통을 알기 위해서 먼저 성경적 애통의 의미가 아닌 것을 살펴보라고 합니다.

주님께서 말씀하시는 애통은 자기 욕망에 근거한 애통이 아닙니다. 성경적 애통이 아닌 것들은 모두 자기 욕망에 근거한 것이라고 할 수 있습니다. 사람들은 자기 욕망이 충족되지 못할 때 슬퍼합니다. 또 자기 욕망이 초래한 죄의 결과를 두려워하는 슬픔이 있을 수가 있습니다. 예컨대 창세기 4장 13절에 보면 가인이 이런 고백을 합니다.

"내 죄벌이 지기가 너무 무거우니이다"

이것은 슬픔의 고백입니다. 그러나 이것은 동생을 죽인 자기 죄가 초래한 미래의 불안한 결과에서부터 빠져나오기를 원하는 슬픔이었습니다. 이것은 성경적 애통과는 거리가 먼 것입니다.

또 사무엘하 13장 2절에 보면 암논이라는 사람이 등장합니다.

"암논이 그의 누이 다말 때문에 울화로 말미암아 병이 되니라"

한국식으로 말하면 화병을 얻어 슬퍼한 것입니다. 이것은 배다른 누이 동생을 향한 충족되지 못한 변태적 성욕에서부터 오는 고통이었습니다. 이것은 성경적 애통과는 거리가 먼 것입니다.

사무엘상 15장 26절을 보면 사울이 그 왕위가 폐위될 것이라는 불행한 선언을 사무엘 선지자로부터 듣습니다. 하나님께 불순종한 것 때문에 그 왕위가 그에게서 떠났다는 선언이었습니다. 그때 그는 슬퍼하면서 이런 탄원을 합니다.

"내가 범죄하였을지라도 이제 청하옵나니 내 백성의 장로들 앞과 이스라엘 앞에서 나를 높이사 나와 함께 돌아가서 내가 당신의 하나님 여호와께 경배하게 하소서"(삼상 15:30)

우리가 끝부분인 '당신의 하나님 여호와께 경배하게 하소서'만 들으면 아주 종교적인 발언 같습니다. 그러나 이것을 좀 더 자세히 들어보면 실상 하나님 앞에서 자신의 범죄를 정말 슬퍼하는 회개의 애통과는 거리가 먼 것이었습니다. 다시 들어보십시오. '내가 범죄하였을지라도'라는 말만 들으면 죄를 인정하는 것 같습니다. 그러나 더 들어보십시오.

"내가 범죄하였을지라도 이제 청하옵나니 내 백성의 장로들 앞과 이스라엘 앞에서 나를 높이사 … 내가 당신의 하나님 여호와를 경배하게 하소서"

사울이 가지고 있었던 가장 끈질긴 관심은 '내가 어떻게 될 것인가?', '내가 이 왕좌에서 그냥 추락해 버리고 말것인가?' 하는 것이었습니다. 다시 말하면 그의 슬픔은 자기 체면이 더럽혀지고 더 이상 왕위를 유지하지 못하는 데서 오는 것이었습니다. 이것은 성경적 애통과는 거리가 먼 것이었습니다.

그러면 오늘 주께서 의도하신 성경적 애통의 참된 뜻은 무엇일까요?

성경적 애통은 자기 성찰에 근거한 것입니다.
한국학을 연구하는 김대환 교수님이 《한국인의 자기발견》(김영사)이라는 책을 썼는데 그 책에서 한국인의 특성 가운데 하나를 지적하기를, "한국인은 자기 성찰이 부족한 민족이다"라고 했습니다. 그는 특별히 그것을 일본인과 비교하며 "일본인에게 두드러진 특성 가운데 하나는 끊임없이 자기반성을 한다는 것이다. 그리고 자기반성을 통해서 끊임없이 자기를 개선해 나가는 데서 일본 문화가 지속적으로 발전할 수 있었다"라고 했습니다.

그런데 한국인은 반대로, 저를 포함해서 너나 할 것 없이 비판을 받으면 제일 먼저 보이는 반응이 흥분하는 것입니다. 그리고 나를 비판한 상대방을 향해서 적대적이고 공격적인 삶의 태도를 갖습니다.

　　우리가 삼일절 행사를 지켜보면서 해마다 느끼는 것이 그런 것 아니겠습니까? 우리를 강점했던 일본인을 향해서 분노하고 그 사람들을 규탄하는 것은 자연스러운 상정일지 모르겠습니다. 그러나 '왜 나라를 잃어버려야만 했었는가?'에 대한 뼈아픈 역사적 반성은 얼마나 있었을까요?

　　그래서 이런 우스갯소리까지 있습니다. 열 나라를 대표하는 열 사람이 배를 타고 가는데 배에 자꾸 물이 스며들어왔습니다. 그 가운데 세 사람쯤은 없어져야 나머지 일곱 사람이 살 수 있습니다. 누가 먼저 없어지나 서로 쳐다보는데 영국 사람이 제일 먼저 일어났습니다. "대영제국의 자존심을 걸고 젠틀맨십을 발휘하기 위해서 내가 먼저 사라지겠습니다" 하고 물 속으로 다이빙하더랍니다. 두 번째로 미국 사람이 벌떡 일어나더니 "우리도 카우보이 정신이 있습니다. 여러분을 위해서 제가 사라지지요" 하더니 풍덩 들어가더랍니다. 세 번째로 누가 일어났을까요? 한국 사람이 벌떡 일어나더니 "대한민국 만세" 하며 만세삼창을 하더니 옆에 있는 일본 사람을 들어서 물 속으로 던지더랍니다.
　　정말 우리 민족이 발전하기 위해서는 우리 삶에 대한 깊은 자기 비판과 자기 성찰이 절대적으로 필요합니다.

　　바울은 고린도후서 7장 10절에서 이렇게 말합니다.

하나님의 뜻대로 하는 근심은 후회할 것이 없는 구원에 이르게 하는 회개를 이루는 것이요 세상 근심은 사망을 이루는 것이니라

여기서 바울 사도는 두 가지 종류의 근심을 말하고 있습니다. 하나님의 뜻대로 하는 근심과 세상 근심입니다. 세상 근심이 바로 제가 지적한 자기 욕망에 근거한 근심이라고 할 수 있습니다. 내 욕망이 충족되지 않았다는 사실 때문에, 나를 둘러싼 내 환경이 내가 기대한 대로 되지 않았다는 사실 때문에 우리는 슬퍼하고 곤고해 하는 것입니다. 이것은 자기 욕심으로서 사망을 초래합니다.

그러나 하나님의 뜻대로 하는 근심은 후회할 것이 없는 회개를 가져옵니다. 내 삶을 하나님의 말씀이라는 거울 앞에 비쳐봅니다. 그랬을 때 하나님의 뜻과는 너무나 멀게 살고 있는 자신의 모습이 발견됩니다. '나는 왜 이렇게 부족할까요' 하며 전능하시고 거룩하시고 절대자이신 하나님의 거울 앞에 드러난 내 모습을 바라보면서 우리는 슬퍼합니다. 이것이 바로 예수님이 말씀하시는 애통입니다.

애통하는 자는 복이 있나니 (마 5:4)

헬라어에서는 슬픔 혹은 애통을 표시하는 여러 개의 단어가 있습니다. 그러나 그 중에서도 가장 강도가 높은 단어를 주께서는 선택하셨습니다. 극도의 슬픔을 표시하는 단어를 선택하셨습니다. 만약 저보고 이 말씀을 번역하라고 하면 이렇게 번역하고 싶습니다.

"절통하는 자는 복이 있나니."

이것은 보통 애통이 아닙니다. 절대적인 슬픔, 말할 수 없는 슬픔입니다. 절대자 앞에 섰을 때, 그 완전하신 하나님의 눈앞에 비친 형편없는 내 모습으로 인해서 울 수 밖에 없는 이 말할 수 없는 애통! 주님께서 말씀하신 애통은 바로 그런 의미를 갖습니다.

애통하는 자에게 약속된 복은 무엇인가?

주께서는 온유한 자가 어떤 복을 받는다고 했습니까?

"그들이 위로를 받을 것임이요"

그런데 여기서 사용된 '위로'라는 단어가 매우 흥미있는 단어입니다. 우리가 성령을 가리켜서 '보혜사'라고도 말합니다. 보혜사라는 말을 영어 성경에서는 'comforter'(위로자)라고 번역했습니다. 보혜사를 뜻하는 헬라어는 두 개의 단어가 결합된 것입니다. '누구누구 곁에 나란히'라는 뜻의 전치사 '파라'(para)와 '부름을 입은'의 뜻을 가진 '클레토스'(kletos)라는 단어가 합쳐져 '파라클레토스', 즉 '불러서 내 곁에 서 계신다', 이것이 '위로'라는 단어의 본래 뜻입니다. 다시 말하면, 누군가가 나를 위로하고 나를 새롭게 하기 위해서 내 곁에 와주신다는 것입니다. 즉, 우리가 참으로 애통할 때 성령의 임재가 함께 하시겠다는 약속입니다. 우리가 울 때, 우리가 아파할 때, 전능자 앞에서 내 부끄러움을 발견하고 말할 수 없는 아픔으로 주 앞에 엎드리는 그 순간에 성령의 임재하심이 나와 함께 하십니다.

이사야는 이렇게 예언적 약속을 합니다.

주 여호와의 영[성령]이 내게 내리셨으니 이는 여호와께서 내게 기름을 부으사 가난한 자에게 아름다운 소식을 전하게 하려 하심이라 나를 보내사 마음이 상한 자를 고치며 … 모든 슬픈 자를 위로하되 무릇 시온에서 슬퍼하는 자에게 화관을 주어 그 재를 대신하며 기쁨의 기름으로 그 슬픔을 대신하며 찬송의 옷으로 그 근심을 대신하시고(사 61:1-3)

우리가 참으로 애통하게 되면 성령께서 내 곁에 다가오십니다.

만약 하나님을 알지 못하는 사람(불신자)이 애통하기 시작하면 그에게 성령께서 역사하십니다. 성령의 역사하심을 통해서 하나님을 떠나 살던 자신의 죄를 인식하며 애통하게 될 것입니다. 그리고 주님 없이 살았던 삶을 돌이키고, 우리 죄를 담당하시기 위해서 보배로운 피를 흘린 그 예수 그리스도를 구주와 주님으로 받아들일 것입니다. 그에게 하나님의 구원이 임할 것입니다.

애통하는 자는 복이 있나니 그들이 위로를 받을 것임이요(마 5:4)

만약 신자들이 애통하면 어떻게 될까요? 신자들의 삶의 장(場)에 성령께서 역사하시면 어떻게 될까요? 성령께서는 아직도 주의 뜻대로 살지 못하는 내 모습을 보여주실 것입니다. 나는 다시 애통하지 않을 수 없습니다. 그리고 이 부족함에 대해 애통해 할 때 내게서도 회개가 일어날 것입니다. 이 회개는 주님을 닮은 거룩한 모습으로 내 인격을 성숙시켜 주실 것입니다.

"애통하는 자는 복이 있나니 그들이 위로를 받을 것임이요"

저는 바울의 애통이 그런 애통이었다고 생각합니다.

"오호라 나는 곤고한 사람이로다 이 사망의 몸에서 누가 나를 건져내랴"(롬 7:24)

참으로 애통하는 사람은 비단 자기 죄를 인해서 애통할 뿐만 아니라 다른 사람의 죄를 바라보면서도 애통하게 됩니다. 그냥 비판만 하는 것이 아니라 애통해 하는 것입니다. 거룩하신 하나님을 떠나 살고 있는 이웃들을 바라보면서 애통이 일어납니다. 우리를 둘러싸고 있는 이 사회를 바라보면서, 또 이 역사를 바라보면서 우리 속에서 동일한 애통이 생기기 시작합니다. 그의 눈에는 눈물샘이 마르지 않습니다. 하나님은 이런 사람을 성령을 보내사 위로하시고 이런 사람을 통해서 그 역사를 고치는 새로운 일을 시작하십니다. 저는 예레미야의 애통이 그런 것이었다고 생각합니다. 망해 가는 조국, 죄로 가득 찬 조국을 바라보면서 통곡하는 가운데 이런 고백을 쏟아냅니다.

"어찌하면 내 머리는 물이 되고 내 눈은 눈물 근원이 될꼬"(렘 9:1)

예레미야의 애통은 이런 애통입니다.

자기가 사랑했던 자신의 민족, 그렇게도 메시아를 기다려 왔으나 그 메시아를 거절하고 신앙과 상관없이 살고 있는 이스라엘 백성들의 참담한 모습을 바라보셨던 우리 주님은 어느 날 감람산 위에 올라가 예루살렘 성을 보시면서 눈물을 흘리셨습니다. 그리고 이렇게 통곡하십니다.

"예루살렘아 예루살렘아 선지자들을 죽이고 네게 파송된 자들을 돌로 치는 자여 암탉이 그 새끼를 날개 아래에 모음 같이 내가 네 자녀를 모으려 한 일이 몇 번이더냐 그러나 너희가 원하지 아니하였도다"(마 23:37)

이것이 주님의 애통입니다.

그래서 한 청교도는 이런 고백을 했습니다.

"살아있는 신앙인에게는 눈물샘이 마르지 않는다."

살아계신 하나님 앞에서 내 부족함을 발견할 때마다, 주님의 거룩하심 앞에 내 모습이 발견되는 순간마다 우리는 그 하나님의 뜻을 떠나 그분의 기대에 부응치 못하고 살고 있는 내 모습 때문에 눈물을 흘리지 않을 수가 없습니다. 안타까운 내 이웃의 삶의 모습, 우리를 둘러싸고 있는 조국의 현장, 이 사회가 흘러가는 방향을 바라볼 때 우리 속에서 눈물이 흐를 수밖에 없습니다. 그렇습니다. 살아있는 신앙인의 눈에는 눈물샘이 마르지 않습니다. 신앙이 메말라 버리면 이 눈물이 말라버립니다.

시편 84편 6절에 보면 "그들이 눈물 골짜기로 지나갈 때에 그곳에 많은 샘이 있을 것이며"라고 했습니다. 주님을 인하여 그리고 주님의 뜻이 이 역사와 내가 사랑하는 사람들의 삶 속에 이루어지기를 기대하나 그렇게 살지 못하는 이웃들의 안타까운 모습을 인하여 흘려지는 성도들의 눈물을 통해서 주께서는 역사를 치료하십니다. 그들에게 복이 있을 것입니다.

"애통하는 자는 복이 있나니 그들이 위로를 받을 것임이요"

어떻게 애통하는 사람이
될 수 있는가?

첫째로, 자신의 죄와 깊은 대면을 해야 합니다.

그냥 피상적으로 자기 죄를 인정하는 정도가 아닙니다. "이 정도 죄 안 짓고 사는 사람 어디 있어. 손들고 나와봐" 하는 그런 태도가 아닙니다. 이것은 자기 합리화에 불과합니다. 하나님의 눈으로 바라본 내 삶의 모습, 내 의식과 무의식 깊은 곳에 있는 죄악의 뿌리를 바라볼 때, 나를 하나님 앞에서 멀리하게 만들고 하나님을 거역하게 만들고 하나님의 말씀을 떠나게 만들고 있는 내 속에 끈끈하게 숨어 있는 죄악의 뿌리를 바라보는 순간, "내가 이렇게 살고 있다니!" 하는 깊은 탄식이 나오게 됩니다. 그리하여 주님 앞에 부서지고 엎드러집니다.

이것은 단순히 죄에 대한 지적(知的) 인식 정도가 아닙니다. 나의 존재의 심연에 있는 이 죄를 계속해서 대면하게 될 때에 이 죄에 대한 인식은 죄에 대한 감정적인 연민을 낳습니다. 마침내 애통할 수밖에 없습니다. 그 죄를 바라보는 순간, 그 죄가 하나님을 반역하고 거스르는 모습을 인해서 주님 앞에 엎드러집니다. 주님 앞에 거꾸러지고 깨지는 것입니다. 살아계신 하나님 앞에서 똑바로 살지 못한 그 안타까운 모습을 인해서 전능자 앞에서 넘어지고 깨어지는 체험, 이것이 바로 애통하는 것입니다.

둘째로, 하나님의 거룩에 대한 깊은 갈망이 있어야 합니다.

우리가 자기 죄를 바라보고 실망하는 것은 잘못하면 자기학대로 빠질 수가 있습니다. 성경에서 말씀하는 애통은 단순히 자기 죄 때문에 자기를 학대하는 것을 장려하는 것이 아닙니다. 내 부족과 연약을 알기에, 나의 죄 문제를 알기에 나를 치료하고 나를 새롭게 하실 수 있는 하나님의 거룩을 열망하면서 거룩하신 하나님 앞에 엎드리는 것입니다. 그리하여 그는 더욱 하나님을 의지합니다. 참으로 애통하는 사람에게는 자기 성화의 모티브가 있습니다. 하나님의 거룩을 열망하고 주님 앞에 엎드립니다. 그의 삶의 목표는 거룩한 삶입니다. 행복이 삶의 목표가 아닙니다.

1984년에 세상을 떠난 기독교 철학자요 또 우리 시대에 큰 영향을 미쳤던 일종의 전도자라고 할 수 있었던 프란시스 쉐퍼(Francis A. Schaeffer) 박사님이란 분이 계시는데, 그분이 말년에 암에 걸리게 되었습니다. 암과 혹독하게 싸우면서도 자기 생애 마지막에 자기가 사랑했던 조국 미국과 미국의 젊은이들에게 유언과도 같은 설교를 하기 위해서 아픈 몸을 이끌고 미국의 캠퍼스를 다니면서 마지막 설교를 하셨습니다. 거기에 있는 청중들이 그분의 삶이 얼마 남지 않은 것을 알았습니다. 쉐퍼 자신도 알았습니다. 그 인생의 날이 얼마 남지 않은 것을 알면서도 자기가 사랑했던 젊은이들에게 남기고 싶은 최후의 메시지를 피를 토하듯 외치던 그 목소리가 쟁쟁합니다.

"사랑하는 여러분! 행복을 삶의 목표로 갖지 마십시오. 그것은 불신자도 구할 수가 있는 것입니다. 예수 믿지 않는 사람도 행복을 삶의 목표로 갖습니다. 그것은 그리스도인이 구할 바가 못됩니다. 미국 그리스도인들의 문제는 행복은 구하지만 거룩은 구하지 않는다는 것입니다."

'행복'을 영어로는 'happiness'라고 하지요. 이것은 본래 happen이라는 동사에서 나온 것입니다. 우연히 발생하는 것, 우연히 돈을 벌게 되고, 우연히 출세하게 되고 우리는 이런 식의 행복을 구하는 사람들이 아닙니다. 산상수훈에서의 복은 happiness가 아니라 'blessing'입니다. 이 단어는 본래 bleed, 즉 '피를 흘리다'라는 단어에서 나온 것입니다. 본래 앵글로색슨족은 피의 제사를 통해서 하나님과의 바른 관계를 맺는 것을 축복으로 간주했습니다. 축복은 하나님과의 바른 관계를 맺는 것입니다. 창조주 하나님 앞에 부끄럽지 않은 삶, 거룩하신 하나님 앞에 당당할 수 있는 삶, 이것이 바로 축복인 것입니다.

행복을 삶의 목표로 삼지 마십시오. 그것은 불신자도 구하는 것입니다. 거룩을 삶의 목표로 구하십시오. 주께서 거룩하신 것처럼 거룩해지기를 열망하며, 이 죄를 제압하고 나를 구원하신 주님의 모습을 날마다 닮아가십시오. 거룩하지 못한 나 자신을 바라볼 때마다 나는 주 앞에 엎드러집니다. 나는 산산조각으로 부서집니다. 그러나 부서진 나를 일으켜 세우고 새롭게 하시는 주님, 그래서 나는 쓰임을 받습니다. 이 거룩을 열망하는 자가 되기를 바랍니다.

로마서 6장 22절은 이렇게 말씀합니다.

그러나 이제는 너희가 죄로부터 해방되고 하나님께 종이 되어 거룩함에 이르는 열매를 맺었으니 그 마지막은 영생이라

죄에서 해방된 사람들이 구해야 할 것은 거룩함입니다. 또한 그 마지막

은 영생이라고 말씀합니다. 영생은 구원만 받는 것을 의미하지 않습니다. 성경은 '거룩한 영생'을 가르칩니다. 은혜로 구원받은 사람들이 얼마나 거룩한 생활을 할 수 있는가가 관건입니다. 주님의 보혈로 씻음 받아 새로운 피조물이 된 신자들에게 주께서는 이 거룩의 열매를 기대하십니다.

오늘 저와 당신은 이 하나님의 거룩을 얼마나 사모합니까? 그리고 이 거룩하신 하나님의 임재 앞에서 거룩하지 못한 나 자신을 바라보며 얼마나 주 앞에 엎드립니까? 이 안타까운 내 모습, 그토록 신앙생활을 오래 했으면서도 아직도 형편없는 내 모습, 이것을 보고 얼마나 눈물 흘리십니까? 우리 눈에서 눈물이 흘려지면 우리 가정이 살고 우리 민족이 살 수 있습니다. 그런데 그 눈물이 없습니다. 값싼 웃음은 있습니다. 세속적인 눈물도 있습니다. 그러나 하나님의 거룩을 이루지 못한 사실 때문에 흘려지는 눈물, 주 앞에 엎드려 날마다 낮아지는 깨어짐, 이런 모습이 있어야 우리가 살 수 있습니다.
"애통하는 자는 복이 있나니 그들이 위로를 받을 것임이요"

03

온유한 자의 복

마태복음 5장 1-5절
[1]예수께서 무리를 보시고 산에 올라가 앉으시니 제자들이 나
아온지라 [2]입을 열어 가르쳐 이르시되 [3]심령이 가난한 자는
복이 있나니 천국이 그들의 것임이요 [4]애통하는 자는 복이 있
나니 그들이 위로를 받을 것임이요 [5]온유한 자는 복이 있나니
그들이 땅을 기업으로 받을 것임이요

《군주론》을 쓴 마키아벨리가 한 이야기 가운데 이런 말이 있습니다.

"태초에 힘(권력)이 있었다."

힘을 가진 자가 힘이 없는 자를 지배해 온 것이 인류의 역사였다고 할 수가 있습니다. 국가와 국가 사이에 혹은 집단과 집단 사이에, 개인 대 개인의 관계에서도 이것은 사실이었습니다. 그러나 19세기 무렵만 해도 집단이 가지고 있는 어떤 힘이나 개인이 가지고 있는 힘을 되도록 드러내지 않고 어느 정도 감추는 것이 미덕이라는 관념이 있었습니다. 그렇지만 인류가 20세기에 두 차례 세계대전을 겪으면서 이런 관념 자체를 포기하게 되었습니다. 이제 자기 비하나 자기 절제로 표현되는 겸손은 더 이상 미덕이 아닌 시대를 우리는 살아가고 있습니다. 영국의 기독교 사상가인 맬컴 머거리지(Malcolm Muggeridge)라는 사람은 "바로 이것이야말로 현대 정신사의 타락의 징후"라고 지적했습니다.

제가 어렸을 때만 해도 선생님의 얘기라든지 책에서든지 쉴 새 없이 강조되던 삶의 덕 가운데 하나가 겸손이었습니다. 자기를 감추는 것, 자기를 낮추는 겸손이 강조되었습니다. 그러나 '이것이 지금도 사실인가?'라는 질문을 던지게 되면 우리는 매우 회의적이 될 수밖에 없습니다. 현대 심리학의 발달과 함께 현대인다운 행동으로서 강조되기 시작한 것 중의 하나가 소위 '자기주장의 행동'입니다. 자기를 주장하는 것, 내 목소리를 높이고 내 권리를 찾는 자기주장의 행동이 현대인다운 행동이라는 것이 계속해서 사람들에게 주입되고 있습니다. 이것이 자기를 표현한다는 측면에서는 긍정적일 수 있습니다. 그러나 이것이 우리 이기심의 표현이나, 이기심의 충족을 지향하는 것이라면 자기주장의 행동은 매우 파괴적인 영향을 끼칠 수도 있습니다.

요즘 입사 면접시험에서 옛날과 같은 이런 고백을 하는 사람은 없을 것입니다.

"저는 참 부족한 사람입니다."

이랬다가는 시험에 떨어지기 딱 알맞을 것입니다. 자기 자랑을 해야 합니다.

"나는 확실한 능력과 특기가 있기 때문에 이 회사에서 일당백의 몫을 할 수 있습니다."

이와 같은 자기주장이 현대인들의 생존 방식이 되고 있습니다. 그래서 현대인들의 산상수훈의 세 번째 복은 이렇게 고치는 것이 합당할지 모릅니다,

"자기주장의 목소리, 자기주장의 태도를 가진 자는 복이 있나니 저희가 출세할 것임이요."

이것이 조금 더 지나치게 되면 이런 고백이 될지도 모르겠습니다.

"교만한 자는 복이 있나니 저희가 성공할 것임이요."

그러나 시대와 함께 변할 수 없는 주님의 말씀은 이렇게 증거합니다.

온유한 자는 복이 있나니 그들이 땅을 기업으로 받을 것임이요(마 5:5)

여기서 주께서 말씀하시는 '온유'란 무엇일까요?

'온유'란 무엇인가?

헬라어에서 '온유'를 '프라우스'(praus)라고 합니다. 어떤 헬라어 학자는 성경에 나타난 온유의 개념을 이런 문장으로 설명했습니다.

"온유란 인간에게 주어진 물리적이거나 정신적인 힘이 잘 조절되어 그의 인격 속에 구현되는 덕이다."

우리에게 이미 주어져 있는 물리적인 혹은 정신적인 힘이 잘 조절되어 내 인격 속에 나타나는 특성, 이것이 '온유'라는 태도의 핵심이라고 할 수가 있습니다.

예수님 당시에 이 단어는 주로 세 가지 용례로 사용되었다고 합니다.

첫째, 어떤 사람이 병을 앓아 고열로 고생하는데 치료 덕분에 한순간 그 열이 잡힐 때가 있습니다. 그러면 사람들은 말하기를 '이제 괜찮다'는 말 대신에 '프라우스'라고 합니다. 이제 열이 잡혔다는 의미로 '온유해졌다', 즉 '프라우스'라 말합니다.

둘째, 사람들이 돌풍 때문에 많은 피해를 입고 어쩔 줄 몰라하는 와중에 일순간 바람이 잦아지기 시작합니다. 그러면 말하기를 '프라우스', 즉 바람이 온유해졌다고 합니다.

셋째, 야생마를 길들이는 과정에서 훈련을 시키게 됩니다. 훈련에 훈련을 거듭해서 야생마가 이제 사람들에게 위협이 안 되고 잘 길들여졌을 때에 '프라우스', 즉 '온순해졌다'는 단어를 썼습니다.

이 세 가지 경우에 다 공통점이 있습니다. 그것은 힘이 조절(control)되었다는 것입니다. 오늘날 우리는 산업화 그리고 정보화 시대를 살아가고 있습니다. 이 시대를 살아가면서 현대인이 잃기 시작한 현저한 삶의 태도가 있다면 자기 절제가 아닐까 생각합니다. 자기 절제가 천연기념물처럼 희귀해졌습니다.

문명은 발달합니다. 삶은 더욱 편리해지고 있습니다. 살기 좋아지고 있습니다. 그런데 사람들은 더 신경질적이 되고 더 파괴적이 되어 가고 있습니다. 조그마한 일에도 참지 못하고 쉽게 분노하는 사람들이 되어 가고 있습니다. 우리 한국 사람들은 더욱 그런 것 같습니다. 얼마나 조급합니까? 잠시 신호 대기하는 인내심도 없어요. 저는 빨간불을 보고 섰는데 뒤에서 계속 눌러대요. 왜 그런지 모르겠어요. 한국인이 언제부터 급해졌습니까? 어떤 분은 한국 사람이 라면을 먹기 시작한 때부터 그렇게 되었다고 진단합니다. 라면이 나오기 전만 해도 밥을 짓기 위해서는 얼마나 장시간 뜸을 들이면서 밥을 지었습니까. 밥을 다 지은 다음에도 아랫목에 묻어두고 계속 보온해 주었다가 밥상에 올렸습니다.

1분 컵라면으로 대변되는 즉각적인 문화(instant culture)에 우리는 길들여지고 있습니다. 당장 끓여서 당장 먹어야 하는 우리는 더 이상 기다릴 수 없는 사람이 되어 가고 있습니다. 더 급하고 더 사나워지고 더 쉽게 분노를 폭발하면서 인생을 살고 있습니다. 이것은 우리의 정신생활에 치명적인 해를 끼칠 수 있습니다.

미국 흑인들의 삶 가운데 매우 중요한 정신적 영향을 끼친 사람을 들라고 하면 아마 대부분의 사람들은 먼저 마틴 루터 킹(Martin Luther King Jr.) 목사님을 들 것입니다. 비폭력 운동을 통해서 흑인의 인권을 찾는 일에 평생을 헌신했던 그분, 끝까지 사랑을 강조하다가 목숨을 잃어버린 마틴 루터 킹 목사님의 영향은 아직도 지대합니다.

그런데 요즘 미국 흑인들이 예수를 안 믿고 모슬렘으로 넘어가는 사람들이 많습니다. 흑인의 영웅이 바뀌었습니다. 말콤 엑스(Malcolm X)라는 사람이 새로운 영웅으로 떠올랐습니다. 덴젤 워싱턴이 말콤 엑스로 연기한 영화가 오래전 한국에서도 상영이 되었습니다. 〈말콤 X〉라는 영화에서는 그가 미화된 감이 있습니다. 말콤 엑스는 미움의 힘을 외친 사람입니다. 폭력의 정당성을 강조합니다. "사랑만을 강조하는 것으로는 우리의 인권을 찾을 수 없다. 우리의 권리를 찾기 위해서는 폭력의 정당한 권리를 사용해야 한다"라고 그는 주장합니다. 저는 이것이 흑인들의 미래를 매우 불안하게 만들 것이라고 생각합니다.

마틴 루터 킹 목사와 말콤 엑스, 이 두 사람의 현저한 차이가 있다면 마틴 루터 킹이 지향한 것은 조절된 힘인 반면에 말콤 엑스는 폭발된 힘, 터뜨리는 힘을 강조한 것입니다. 힘을 조절하는 것과 폭발시키는 것, 어느 것이 쉽습니까? 어느 것이 어렵습니까? 다시 바꾸어 질문을 드릴까요? 참는 것이 어렵습니까? 터뜨리는 것이 어렵습니까? 철학적으로 사고할 필요 없고 우리 자신을 생각하면 잘 알 수 있습니다. 참는 것이 어렵습니다. 어렵기 때문에 참는 것이 위대한 것입니다. 잠언 16장 32절에는 "자기의 마음을 다스리는 자는 성을 빼앗는 자보다 낫다"고 말씀합니다.

참을 수 있는 힘이야말로 참된 힘이라고 할 수 있습니다. 조절할 줄 아는 힘, 이것이 성경이 말한 '온유'라는 개념의 핵심입니다. 그래서 어떤 성경학자는 온유를 다른 말로 정의할 때 '다스려진 힘'이라고 했습니다. 이 힘만이 인류를 복되게 할 수 있습니다.

마틴 루터 킹의 스승은 마하트마 간디였습니다. 그는 간디에게서 비폭력 운동의 지혜를 배웠습니다. 인도 사람들은 간디가 평생을 걸고 지향했던 한 가지 중요한 정신을 가리켜서 '사티아그라하'(Satyagraha), 곧 진리를 지키는 힘, 정신의 힘이라고 했습니다. 간디가 인도의 자주 독립 정신을 고취 시킬 때에 자기를 따르는 사람들에게 계속해서 외쳤던 메시지가 있습니다.

"여러분, 영국인을 사랑합시다. 그들을 폭력으로 대하지 맙시다. 우리는 제도와 싸우고 있는 것이지 사람들과 싸우고 있는 것이 아닙니다. 정당한 방법과 태도로 우리의 의사를 표현합시다."

이것이야말로 진정한 용기인 것입니다. 미움은 승리를 가져다 줄 수 없습니다. 사랑만이 진정한 승리를 가져다 줄 것입니다.

"영국인이 만약 우리를 매질한다면 그 매를 맞읍시다. 그들이 우리를 감옥에 집어넣는다면 감옥에 기쁘게 갑시다. 그러나 우리는 그들을 사랑합시다."

간디는 인도에 위대한 승리를 안겨 주었습니다. 그것은 그의 정신의 승리, 그것은 '온유의 승리'라고 말할 수 있습니다. '온유'는 하나님의 능력으로 다스려지는 정신적인 힘이라고 간단히 정의할 수가 있습니다.

온유한 자에게 약속된 복은 무엇인가?

주께서는 온유한 자가 어떤 복을 받는다고 했습니까?

그들이 땅을 기업으로 받을 것임이요(마 5:5)

'땅을 기업으로 받는다'는 것은 두 가지 측면에서 접근할 수 있습니다.

첫째, 미래적인 측면

우리는 이것을 장래 천국의 소망과 관련지어 이해할 수가 있습니다. 하나님은 온유한 사람들에게 천국을 기업으로 주십니다. 가장 좋은 땅은 천국입니다. 천국은 온유한 사람들만이 들어갈 수 있는 나라라고 할 수 있습니다. 만약 온유하지 못한 사람들이, 도무지 자기를 절제하지 못하는 사람들이, 교만한 사람들이 천국에 들어갈 수 있다면 그 천국은 어떤 천국이 될까요? 미안하지만 저는 그런 천국에 갈 생각이 없습니다. 여기서 살기도 어려운데 거기 가서도 괴로울 광경을 상상해 보시기 바랍니다.

둘째, 현재적인 측면

본문에서 '땅을 기업으로 받는다'는 것은 미래적인 복보다도 현재적인 복을 강조하고 있는 것이라고 할 수 있습니다.

"온유한 자들만이 땅을 기업으로 얻을 것이다."

온유한 자들만이 이 땅에서도 진정한 성공과 승리를 누릴 수가 있다는 약속입니다. 고대 세계에서 땅을 차지한다는 것은 승리의 최고 표상이었습니다. 그런데 이러한 축복을 온유한 자에게 베풀어 주신다는 것입니다. 하나님께서는 온유한 자를 들어 쓰시어 그들로 땅을 차지하는 승리의 역사를 이루게 하십니다.

하나님께서 크게 쓰신 모세의 경우를 한번 생각해 봅시다. 모세도 우리가 가지고 있는 동일한 약점들을 가지고 있었습니다. 그럼에도 불구하고 주님이 모세를 쓰셨던 이유 중 하나는 '온유'라는 특성 때문이었습니다. 민수기 12장에 보면 모세가 구스 여인을 데려다가 결혼했습니다. 구스란 현재의 에티오피아 지역을 말합니다. 그 여인을 데려다가 국제결혼을 하게 됐습니다. 그러니까 그 형제들이 반대하기 시작합니다. 미리암도 반대하고 아론도 반대했습니다.

"도대체 그 일이 하나님의 뜻이라면 하나님께서 우리에게도 확신을 주실 텐데, 모세 너 혼자 확신을 가졌다고 하면 어떻게 하느냐? 우리는 그 여인을 받아들일 수 없다. 쫓아내라!"

이 장면에서 모세는 극도로 조절된 반응을 보였습니다.

도무지 흥분하지 않았습니다. 그 광경을 보시고서 하나님은 모세에 대해 이렇게 평가하셨습니다.

"이 사람 모세는 온유함이 지면의 모든 사람보다 더하더라"(민 12:3)

하나님은 이런 모세를 들어 크게 사용하신 것입니다.

우리가 어떤 사람에게 일감을 맡길 때 제일 주저하고 싶은 사람이 있다면 어떤 사람일까요? 자기 조절이 안 되는 사람, 삶이나 행동에 일관성이 없는 사람, 도무지 감정의 조절이 안 되는 사람, 이런 사람에게 일감을 맡긴다고 생각해 보십시오. 그 일이 어떻게 될까요? 하나님도 마찬가지입니다. 주께서는 자기 조절이 된 온유한 사람을 찾습니다. 온유한 자를 쓰십니다. 주께서는 이 온유함의 덕성을 가진 사람들을 통해서 역사를 바꾸기 원하십니다. 그렇다면 우리는 이 온유의 덕을 사모하는 사람들이 되어야 하지 않겠습니까?

어떻게 온유한 자가
될 수 있는가?

존 오웬(John Owen)이라는 청교도 설교가는 온유한 인격이 되는 비밀을 이렇게 말했습니다.
"온유한 인격은 오직 하나님의 주권에 대한 정당한 반응으로만 만들어질 수 있는 인격이다."

제가 그 글을 읽다가 고민을 많이 했습니다. 이 말이 도대체 무슨 뜻인가? 그러나 묵상 가운데서 그 말이 얼마나 진리인가를 확인할 수 있었습니다. 온유해지기 원하십니까? 이 하나님의 주권에 대한 반응을 세 가지로 나누어서 말씀드리겠습니다.

첫째로, 하나님의 주권에 대한 믿음을 가지십시오.

아브라함의 경우를 생각해 보십시오. 어느 날 자기 조카 롯과 더불어 땅을 나누게 되었습니다. 그때 롯에게 아브라함이 어떤 제안을 합니까?

"롯이여, 네가 우(右)하면 나는 좌(左)할 것이고 네가 좌하면 나는 우할 것이다."

그렇게 되면 좋은 땅을 롯이 차지할 것은 분명한 사실이고 아브라함은 나쁜 땅을 소유하게 될 것이 분명합니다.

땅, 이 얼마나 매력적인 것입니까?

"네가 우측 땅을 가지면 나는 좌측 땅을 갖겠다."

이것은 아브라함에게 손해임이 분명합니다. 손실을 볼 것을 각오하면서도 그렇게 롯에게 먼저 선택할 수 있는 권한을 줄 수가 있었던 이유는 무엇입니까?

"내가 마땅히 하나님의 백성다운 태도를 보이면 주께서 내 삶을 책임져 주시지 않겠는가. 나는 하나님의 처분을 믿는다."

이것은 하나님의 주권에 대한 신앙입니다.

"때로 손해와 희생이 따르지만 나는 전능하신 하나님의 주권을 믿습니다. 그분이 내 삶의 주인 되심을 인정하고 내 권리를 포기할 때 주님은 나의 삶을 책임져 주십니다. 나는 이것을 믿습니다. 하나님의 주권을 믿습니다. 하나님의 섭리를 믿습니다."

이것이 바로 아브라함의 믿음입니다.

요셉의 경우를 생각해 보십시오. 요셉이 자기 형들 때문에 얼마나 많은 손해를 입었습니까? 얼마나 많은 죽을 고비를 넘겼습니까? 마침내 그는 애굽의 총리가 되었습니다. 요셉의 형제들이 식량을 구걸하기 위해 자기 앞에 와서 머리를 숙이는 사건이 발생했습니다. 이 경우에 요셉은 어떻게 했습니까? 드디어 자기 형제들에게 복수할 수 있는 절호의 순간이 찾아왔습니다. 그러나 그 기회를 복수의 기회로 삼기보다 자기의 형제들을 용납하고 용서할 수 있었던 그 비밀, 어떻게 그것이 가능할 수 있었을까요? 요셉이 자기 형제들에게 무슨 얘기를 합니까?

창세기 45장을 보시면 요셉이 "형님들이 나를 판 것 때문에 근심하지 마십시오. 하나님이 이것을 행하셨습니다. 주께서 저로 하여금 우리 집안을 돕도록 하기 위해서 지난 모든 과정을 겪게 하셨다고 믿습니다. 하나님을 참으로 사랑하는 사람들에게는 어떤 일도 하나님의 손을 떠나서는 발생하지 않습니다. 그러므로 지나간 날, 내가 아팠던 그 아픔의 순간까지도 하나님은 나의 궁극적인 유익과 선을 위해서 주셨다고 믿습니다. 당신들이 나를 해쳤다고 생각하지 마십시오, 그것은 내 삶을 만드시고, 내 삶을 훈련하시고, 나를 나 되게 하시고, 나를 쓰시기 위해서 주께서 하신 것입니다. 나는 형님들에게 아무런 원망이 없습니다"라고 합니다.

이런 상황에서 이처럼 초연하고 담대할 수 있었던 요셉의 비밀은 하나님의 주권에 대한 믿음에 있었습니다.

다윗의 경우를 생각해 보십시오. 그는 사울 왕에게 얼마나 많은 박해를 받았습니까? 얼마나 자주 피해 다녔습니까? 얼마나 자주 목숨의 위협을 받았습니까? 그러다가 두 번 찾아왔던 기회, 자기 목숨을 노리고 있던 원수가 자기 앞에서 잠들어 있는 광경을 보았습니다. 단칼이면 끝날 수 있었던 상황 속에서 사울의 목숨을 앗아가기보다 오히려 그가 곁에 있었을 때 그의 목숨을 해치지 않았다는 증거를 남겨두고 떠나갈 수 있었던 다윗, 이렇게 처신할 수 있는 비결이 무엇입니까?

"복수는 하나님이 하시는 일, 나는 내가 할 일만 하면 된다. 하나님이 내게 맡겨주신 그 일, 하나님이 내게 맡겨주셔서 오늘 내게 기대하시는 그 삶에 진력하면 된다."
주님을 사랑하고, 이웃을 사랑하고, 주님을 섬기고, 이웃을 섬기는 데 최선을 다했을 때 다윗은 이처럼 담대할 수 있었습니다. 하나님의 주권에 대한 신뢰, 이것이 하나님의 사람들에게 온유의 삶을 안겨 준 비밀인 줄로 믿습니다. 온유해지기를 원하십니까? 하나님의 주권을 신뢰하십시오.

둘째로, 하나님의 주권에 순복하는 훈련을 받으십시오.
앞에서 언급한 모세, 아브라함, 요셉, 다윗 이런 사람들이 천성적으로 온유한 사람이라고 생각하십니까? 교인들 가운데 종종 이렇게 말하는 분들이 있습니다.

"목사님, 저는 온유하고 싶지만 천성이 온유하지 못해요. 원래 제 개성이 그렇지 않습니까?"

그러나 우리가 반드시 알아야 할 것은, 신앙의 선진들이 보인 온유한 삶도 한순간에 이루어진 것이 아니라 오랜 세월 동안 조금씩 조금씩 지속적으로 만들어진 훈련의 결과였다는 사실입니다.

모세의 삶에도 자신의 온유함을 유지하기가 힘든 순간이 있었습니다. 그토록 하나님의 자비와 긍휼을 전해도 완고하게 하나님께 반항하는 이스라엘 백성들, 그래서 마침내 물을 내라 명령해야 할 반석을 지팡이로 두 번씩이나 치던 이 모세가 흥분한 날을 기억하십니까? 모세에게도 이렇게 실수한 날이 있었습니다.

다윗의 경우도 예외가 아닙니다. 사울을 피해 다니던 어느 날 사울의 아들인 요나단을 만났습니다. 그 요나단을 만나 술회하는 한 장면에서 "네 아버지가 그럴 수가 있느냐" 하며 부글부글 끓어오르는 분노를 표출하는 것을 볼 수 있습니다(삼상 20:1). 어쩌면 이 분노는 이해할 수 있는 분노라고 할 수 있을 것입니다.

모든 믿음의 선진들의 생애 속에는 자신의 분노를 조절하기 어려웠던 상황들이 있었습니다. 실수도 있었고 실패도 있었습니다. 그러나 그들은 서서히 온유의 사람으로 빚어져 갔던 것입니다.

예수께서 마태복음 11장 29절에서 자기 자신의 모습을 제자들에게 소개하면서 "나는 마음이 온유하고 겸손하니"라고 말씀하셨습니다. 그리스도께서 자신의 모습을 나타낼 때 제일 먼저 강조하신 것이 그 마음의 온유함과 겸손함이었습니다. 그러나 거기서 끝나지 않지요?

나의 멍에를 메고 내게 배우라 (마 11:29)

이 온유의 덕이야말로 평생 학습해야 할 덕인 줄 믿습니다. 온유를 '배우고' 계십니까? 과거 우리는 온유하지 못한 순간이 있었습니다. 괜찮습니다. 그러나 주님의 용서를 구하며 다시 일어나 온유를 학습합시다. 그리하여 주님 앞에 서는 날 주님을 방불하게 닮은 온유한 자의 모습을 갖출 수 있도록 합시다.

갈라디아서 5장 22절 이하에서 성령의 열매를 언급할 때도 거기에 온유가 들어 있음을 봅니다. 내가 처음 예수를 믿었을 때 내 안에 찾아오신 성령님, 그 성령님은 나를 계속 그리스도를 닮아가는 인격으로 빚으시기 위해서 역사하십니다. 성령께서 나를 빚어 주실 때, 성령께서 나를 깨주실 때, 그럴 때 성령님의 훈련 앞에 나를 전폭적으로 맡기는 가운데 나는 마침내 주님을 닮은 온유한 자로 만들어져 갈 것입니다. 그러므로 주께서 나를 만드시는 훈련의 손길을 거절하지 마십시오. "하나님께서 이 사건, 이 아픔을 통해서 나를 훈련하기를 원하십니까? 그렇게 하세요" 하며 이 훈련을 받아들이는 사람이 되시기를 바랍니다.

셋째로, 하나님의 주권에 자신을 의탁하십시오.

훈련을 받으려면 훈련하는 분에게 자신을 맡겨야 합니다. 그분이 내 삶의 주인이 되게 해야 합니다.

"마음이 가난한 자는 복이 있나니"

어떻게 해야 마음이 가난한 자가 될 수 있을까요?

하나님의 눈으로 내 삶을 관찰할 때만 가능합니다. 그래서 나의 나 된 진실한 모습을 발견하는 순간 더 이상 나는 교만할 수 없습니다. 나는 마음이 가난한 자가 됩니다. 이 마음의 가난함이 우리 자신의 벌거벗은 모습에 대한 지적(知的)인 인식, 나의 나다움을 깨달은 지적인 인식에 근거해서 가난한 마음이 형성될 수 있다면, 애통하는 마음은 지적인 영역에서 정적인 영역으로 넘어갑니다. 내가 보니까 내 삶 속에 하나님이 기뻐하실 수 없는 요소들이 너무 많아요. 그래서 내 죄를 봅니다. 내 허물을 봅니다. 아직도 존재하는 내 부족함을 봅니다. 그것을 보면서 나는 눈물을 흘립니다. 내 영성이 깨어지기 시작합니다. 이것이 바로 애통하는 자의 삶의 모습입니다.

그러나 이제 온유한 자가 되려면 지적인 영역과 정서적인 영역을 넘어서서 의지적인 영역으로 들어서야 합니다. 이제 나를 훈련하시는 하나님의 손길 앞에 나를 맡기는 것입니다.

"하나님, 이제 나를 드립니다. 내 의지를 드립니다. 하나님, 이 상황을 통해서 나를 훈련시켜 주십시오."

때때로 의지적인 결단의 장면에서 이를 악물어야 할 필요가 있을지도 모릅니다. 감정이 나의 발목을 붙잡는다 할지라도, 하나님의 말씀 앞에 순종하고 하나님이 원하시는 사람이 되기 위하여 내가 내 자신을 주 앞에 드리며 하나님의 주인 되심을 인정해야 합니다.

대개 우리가 분노하고 자신을 조절하지 못하는 까닭은 무엇입니까? 거기에는 내 소유가 침해되었다는 감정, 내가 손해봤다는 생각, 소유의 문제가 그 밑바탕에 개재되어 있습니다. 그 소유가 물질적 소유이든 정신적인 소유이든 '내가 저 사람 때문에 손해봤다'는 생각 때문에 자기 자신을 조절하지 못합니다. 그러나 내가 가진 모든 소유의 진정한 주인이 하나님이시라는 사실을 인정하면 그(그녀)와 나 사이의 관계는 달라질 것입니다.

제가 신앙생활 초기에 '나를 하나님께 맡긴다'는 이 부분이 잘 되지 않았습니다. 그것 때문에 굉장히 고민했습니다. 그때 어떤 외국 분이 저에게 조그마한 책자 하나를 소개해 주었는데 거기에 적힌 짤막한 이야기가 하나님께 나를 맡긴다는 것이 무엇인지를 이해시켜 주는 일에 결정적인 도움이 됐습니다. 이 이야기는 현재 《파인애플 스토리》(IBLP KOREA)라는 제목으로 한국어 번역본이 출판되어 있습니다.

정글 지역에서 사역하고 있던 어떤 선교사의 이야기입니다. 정글에서 선교하면서 이 선교사에게 다른 소원은 없었지만 한 가지 인간적 소원이 있었는데, 그것은 파인애플이나 실컷 먹었으면 좋겠다는 것이었습니다. 그래서 파인애플 나무를 자기를 도와주는 형제들과 더불어 심었습니다. 그리고 드디어 파인애플을 먹을 때가 되어 보니까 열매가 다 없어졌습니다. 아주 화가 났습니다. 누가 가져갔나 보니 자기를 도와줬던 형제들이 다 가져갔습니다. 그래서 그럴 수가 있느냐고 물었더니 그 원주민들이 대답하기를, "우리 정글의 법칙은 심은 사람이 주인이요. 우리가 심지 않았습니까? 우리가 심었으니까 그것은 우리 소유입니다"라고 했습니다. 선교사가 "어떻게 이것이 당신들 거냐? 내 거지. 내가 당신들에게 부탁하면서 돈까지 주지 않았으냐. 그런데 어떻게 당신들 거냐. 내 거지"라고 했습니다.

"우리 정글의 법칙은 심은 사람이 먹도록 되어 있습니다. 우리가 심었으니까 이것은 우리 것입니다."

그래서 달래기 위해서 그다음에 선교사가 이렇게 말했습니다.

"그러면 이렇게 하십시다. 다시 파인애플을 심는데 앞으로 이 열매의 반은 당신들이 가지십시오. 돈을 더 드릴 테니 반은 당신들이 먹고 나머지 반은 분명히 내 거요."

서로 확약을 했습니다. 드디어 다시 추수 때가 되었습니다. 열매를 따 먹으려고 하니까 또 다 가져가 버렸습니다. 얼마나 화가 나겠습니까? 그래서 밀림에서 간이병원을 운영하고 있었는데 그 병원문을 닫겠다고 위협도 해보고 조그마한 상점도 경영하고 있었는데 그 상점문도 닫겠다고 해도 개선이 되지 않습니다. 나중에는 개로 경비를 서게 했지만 그것으로도 문제가 해결되지 않았습니다.

이 일 때문에 속을 끓이며 괴로워하고 있는데 어느 날 밤 주님이 그의 마음속에 깨닫게 해주신 것이 있었습니다.

성경을 보는 순간 하나님이 말씀하십니다.

"그 파인애플이 네 거냐? 내 거지."

열매를 따먹고 싶다는 생각 때문에 그 모든 것의 진정한 주인인 하나님을 망각하고 있었다는 사실이 새삼스럽게 깨달아졌습니다. 그래서 이렇게 기도했습니다.

"맞습니다, 하나님. 이것이 하나님 것이라는 걸 제가 망각했습니다. 이제부터 이것은 정말 주님 것입니다."

이것을 인정하고 나니까 그다음에 욕심이 없어졌습니다. 그다음에 추수 때가 됐는데 무슨 일이 일어났을까요? 또 다 가져갔습니다. 그런데 달라진 것이 있습니다. 이번에는 화가 안 나는 겁니다. 내 것이 아니고 하나님의 것이니까 화가 전혀 안 나는 겁니다. 이 선교사가 화를 안 내니까 원주민들이 찾아와서 묻습니다.

"선교사님, 이번에는 왜 화를 안내십니까?"

"그것이 하나님의 것이니까 나는 상관없다"고 하니까 원주민들이 이렇게 말했습니다.

"선교사님, 드디어 크리스천이 되셨네요."

그 후에도 더러더러 그 파인애플을 훔쳐가는 사람이 있었습니다. 그런데 이상하게도 훔쳐간 사람들의 아이가 병이 난다든지 그러면 자기들끼리 말하기를, "우리가 하나님의 것을 훔쳐가서 그렇다"고 했습니다. 그다음부터 도둑질이 없어졌습니다. 이후 어떻게 됐을까요? 선교사는 이제 자기가 심은 파인애플 열매를 마음대로 따먹고 형제들과도 즐겁게 나누면서 살 수가 있었습니다. "이것이 내 것이다" 했을 때 전혀 그것이 내 것이 되지 못했습니다. 그러나 이것의 주인이 하나님임을 인정했을 때, 그는 자유를 누리고 형제를 사랑하면서 나눌 수 있는 놀라운 축복을 받았습니다.

성경은 이렇게 말씀합니다.

온유한 자는 복이 있나니 그들이 땅을 기업으로 받을 것임이요 (마 5:5)

　권리 주장으로 피곤해진 오늘의 세태에서 '온유'는 얼마나 그리스도인들이 흠모할 만한 덕일까요? 온유한 사람이 되기 원하십니까? 다시 주 앞에 서 보십시오. 그리고 내 삶의 모든 소유의 주인이신 하나님을 바라보십시오. 이 모든 것은 하나님의 것입니다. 이제 주님이 원하시는 목적을 위하여, 주님이 원하시는 사람들을 위하여 내게 허락된 모든 것을 주님의 뜻대로 사용하기를 소원합시다. 그때 내 삶 속에 다가올 수 있는 자유, 내 삶 속에서 누릴 수 있는 놀라운 평안 그리고 주님을 닮아가는 놀라운 내 인격의 변화, 이 어찌 축복이 아니겠습니까? 주께서 말씀하십니다.

　"온유한 자는 복이 있나니 그들이 땅을 기업으로 받을 것임이요"

04

의에 주리고 목마른 자의 복

마태복음 5장 1-6절
[1]예수께서 무리를 보시고 산에 올라가 앉으시니 제자들이 나아온지라 [2]입을 열어 가르쳐 이르시되 [3]심령이 가난한 자는 복이 있나니 천국이 그들의 것임이요 [4]애통하는 자는 복이 있나니 그들이 위로를 받을 것임이요 [5]온유한 자는 복이 있나니 그들이 땅을 기업으로 받을 것임이요 [6]의에 주리고 목마른 자는 복이 있나니 그들이 배부를 것임이요

지난 몇 년 동안 우리네 삶의 장(場)에 충격으로 다가왔던 악몽 같은 헤드라인 뉴스들이 있었습니다. 다시는 기억하고 싶지 않은 사건들이었지만 이제 그 이야기를 드림으로써 말씀을 시작하고자 합니다.

　미래에 대해 푸른 꿈을 가지고 있던 20대 처녀가 문화 강좌를 들은 후, 귀갓길에 탄 택시기사에 의해 죽임당하여 처참한 시신으로 서울 근교의 야산에서 발견되었습니다.
　아버님의 묘소에 다녀오던 평범하고 성실한 한 가장이 단지 고급 승용차를 탔다는 이유 하나만으로 표적이 되어 일단의 무법자들에게 유괴된 후, 기막힌 죽음을 당해야만 했습니다.
　중소기업 발전의 모범적인 사례로 국가의 표창까지 받았던 한 중소기업인이 자금난 때문에 자살로 인생을 끝마치고 말았습니다.
　한 국가의 공무원으로 국민들의 선(善)과 유익을 위해서 선출된 지도자가 그 권좌에서 물러난 후 그가 축적한 재산이 공개되었을 때 우리는 그 천문학적 숫자 앞에 입을 다물 수가 없었습니다.

이런 일련의 사건들이 우리에게 제공하는 공통된 소감이 있다면 무엇일까요? 불공평한 세상, 불의한 세상에서 살고 있다는 느낌이 들지 않습니까?

그러나 이런 불행한 현실 때문에 역설적으로 공평한 세상, 의로운 세상을 그리워하지 않을 수가 없습니다.

예수께서는 산상수훈의 네 번째 복에서 이런 사람을 의(義)에 주리고 목마른 사람이라고 말씀하십니다. 그리고 이런 사람에게 복이 있다고 선언하십니다.

의에 주리고 목마른 자는 복이 있나니 그들이 배부를 것임이요(마 5:6)

누가 '주리고 목마른 사람'이 될 수 있는가?

우선 살아있는 사람이어야 합니다. 죽어 있는 사람, 시체에게는 주림이 없습니다. 목마름이 없습니다. 주리고 목마름을 느낀다는 것은 살아있다는 증거가 아닐까요? 건강한 사람만이 주리고 목마름을 느낄 수가 있습니다. 병들었다는 첫 번째 징조가 무엇이겠습니까? 병들면 식욕을 잃어버립니다. 밥맛이 없어집니다. 건강이 회복되면 제일 먼저 회복되는 것이 식욕입니다. 이것은 영적으로도 동일한 진리입니다.

오늘 우리 사회에 왜 의에 주리고 목말라 하는 사람들이 희소합니까?

오늘 나에게는 왜 의에 대한 갈증, 의로운 삶에 대한 간절한 갈망 또 이 사회가 의롭게 되기를 열망하는 마음이 없을까요? 혹시 우리가 영적으로 죽어 있기 때문이 아닐까요? 혹시 우리가 영적으로 병들어 있기 때문이 아닐까요? 오늘 우리가 살고 있는 이 시대 속에서 의를 볼 수가 없다면 그리고 의가 결핍되어 있다면, 그것은 이 시대를 살고 있는 많은 사람들이 영적으로 병들었거나 죽었기 때문은 아닌가 하는 질문을 던져야 합니다.

무엇에 주리고 목말라 해야 하는가?

우리가 주리고 목말라 해야 할 대상은 '의'라고 주님께서는 말씀하십니다.

'의'에 주리고 목마른 자는 복이 있나니(마 5:6)

그런데 오늘 현대인들은 주리고 목말라 해야 할 진정한 대상을 떠나서 다른 것에 대해 더 주리고 목말라 하고 있습니다. 권력에 대해서 목말라 하고 명예에 대해서 목말라 하는 사람들이 많습니다. 돈에 대해서 목말라 하는 사람들도 많습니다. 섹스에 대해서 목말라 합니다. 사랑에 대해서 목말라 합니다. 그러나 의에 대해서 목말라 하는 사람을 보았습니까? 우리는 이 의에 대해서 목말라 하고 있습니까?

히브리어로는 이 의를 '체데크'(tsedeq)라고 말하는데, 구약성경에서 500번 이상이나 등장합니다. 헬라어로는 '디카이오수네'(dikaiosune)인데, 신약성경에서 무려 200번 이상이나 등장합니다. 산상수훈에서도 같은 단어로 표기되었습니다. 의는 성경의 중심 사상입니다. 또한 의는 하나님의 본성입니다. 하나님은 의로우신 하나님이십니다.

예레미야서 23장 6절에서 예레미야는 "그의 이름은 여호와 우리의 공의(의)"라고 말하고 있습니다. 그분은 우리를 의의 길로 인도하신다고 성경은 말씀하십니다. 그분은 공의로 세계를 주관하시고 공의로 세계를 심판하신다고 성경은 말씀합니다. 만약 이 의로우신 하나님이 존재하지 않으신다면 사람들의 모든 도덕적인 주장들은 그 의미를 잃어버립니다. 의롭게 살아야 할 이유가 어디 있습니까? 아니 그것이 의라고 하는 근거는 무엇입니까? 우리를 둘러싸고 있는 불의한 사회 구조에도 불구하고 우리가 의로운 삶을 열망하고 의로운 사회와 세계를 소망할 수 있는 것은 의의 원천이요, 의 자체이신 하나님이 존재하시기 때문임을 우리는 믿습니다.

그러므로 의에 주리고 목말라 한다는 것은, 바꾸어 말하면 하나님에 대해서 주리고 목말라 하는 것을 말합니다. 하나님이 의의 근원이시고 하나님이 의 자체이시기 때문에 그렇습니다.

의에 대해서 주리고 목말라 하기 원하십니까? 바꾸어 말할까요? 당신은 그리고 나는 하나님에 대해서 주리고 목말라 합니까? 그리고 하나님이 기뻐하시는 삶에 대해서 목말라 합니까?

인간이 가진 영적 목마름은 결국 하나님에 대한 것입니다. 우리는 목마른 인생을 살고 있습니다. 그러나 무엇 때문에 목마른지를 모릅니다. 사마리아 여인처럼 말입니다. 목마른 여인이 우물가에 물을 길러 왔습니다. 그는 좀 더 나은 생수를 발견하면 자신의 목을 축일 수가 있다고 생각했을지 모릅니다. 그러나 그녀를 만나주신 예수님은 어떻게 말씀하십니까?

이 물을 마시는 자마다 다시 목마르려니와(요 4:13)

쾌락의 물을 먹으면 다시 목마를 것입니다. 남편을 다섯씩이나 바꾸었어도 이 여인은 여전히 목마른 사람이었습니다.

"이 물을 마시는 자마다 다시 목마르려니와 내가 주는 물을 마시는 자는 영원히 목마르지 아니하리니"(요 4:13-14)

갑자기 이 여인의 마음속에 영원한 것에 대한 목마름이 생겼습니다. 그래서 예수님에게 뭐라고 말합니까?

"그런 물을 내게 주사 목마르지도 않고 또 여기 물 길러 오지도 않게 하옵소서"(요 4:15)

대화가 계속되면서 마침내 이 여인은 자기와 더불어 대화를 나누는 분이 누구인지를 깨닫게 됩니다. 그분은 메시아, 내 삶의 주인, 내 삶의 구원자, 내 인생의 해답이신 분이라는 사실을 깨닫습니다. 그리고 그 예수 그리스도를 자신의 구세주와 주님으로 믿고 의지하는 그 순간, 이 여인은 오랫동안의 주림과 목마름에서 해방됩니다. 참으로 만족한 여인이 되었습니다.

당신은 무엇에 대해서 목말라 하십니까? 그것은 의에 대한 목마름이어야 합니다. 그리고 이 의는 바로 하나님 자신에 대한 목마름이어야 할 줄로 믿습니다.

왜 주리고
목말라야 하는가?

"의에 주리고 목마른 자는 복이 있나니 그들이 배부를 것임이요"

의에 주리고 목말라 할 때, 의로써 배부름을 얻을 수가 있기 때문에 그렇습니다. 그에게 참 만족이 있습니다. 주리고 목말라 하는 사람 그리고 그것을 구하는 사람에게 만족이 주어집니다. '우는 아기에게 젖 준다'는 말도 있습니다.

요즘 우리 사회는 불량 식품 때문에 큰 고통을 받고 있습니다. 우량 식품을 구할 때 건강한 삶이 보장된다는 사실을 알기 때문에 우리는 우량 식품을 열망합니다. 그럼에도 불구하고 가짜 식품이나 불량 식품 때문에 고통을 받고 있습니다. 어떤 분이 한국인이 먹는 불량 식품에 대해 이렇게 말했습니다.

"아침에는 농약으로 재배한 콩나물국 먹고, 점심에는 폐유 참기름으로 비빔밥을 먹고 저녁에는 공업용 우지(牛脂)로 만든 라면을 먹고, 밤중에는 주유소 폐유로 방을 데우고 잔다."

그러나 육신의 건강한 양식 못지않게 훨씬 더 중요한 것은 영적인 양식입니다. 당신은 어떤 양식을 구하십니까?

"사람이 떡으로만 살 것이 아니요"

그렇습니다. 떡 이상의 것을 필요로 하는 인간, 내 영혼의 진정한 만족과 삶의 보람을 위해서 당신은 어떤 양식을 구하고 있습니까? 당신은 의를 사모하십니까?

"의에 주리고 목마른 자는 복이 있나니 그들이 배부를 것임이요"

배부르게 된다고 하는 것은 궁극적인 만족을 뜻합니다. 이 만족은 어떻게 우리 삶의 장에 이루어질까요?

첫째, 미래적 약속의 측면

우선 이 말씀은 미래적 언약에 소망을 두고 있다고 생각됩니다. 우리는 불의한 세상 속에 살면서 불의한 일을 당할 때마다 안타깝게 의를 호소하고 의를 위해 기도하지 않을 수가 없습니다. 요한계시록에 보면 이런 의인들의 호소와 탄원이 계속해서 주님 앞에 올려집니다. 어느 날 의로우신 하나님은 드디어 이 불의한 세상을 심판하시고, 이 사회 속에 불의를 심고 있는 악마를 심판하신다고 말씀합니다. 심판이 끝나고 나서 비로소 이 땅에는 새로운 땅이 그리고 새로운 하늘이 임할 것입니다. 그리고 이 새 하늘 새 땅에서는 다시 사망이 없고 애통하는 것이나 곡하는 것이나 아픈 것이 다시 있지 아니할 것이 약속되었습니다(계 21:4).

이것은 의를 사모한 사람들에 대한 하나님의 궁극적인 약속입니다. 세상은 마침내 하나님의 의로 새로워질 것입니다. 그것은 의를 위해 기도하는 사람들에 대한 최종적인 응답일 것입니다. 의의 최후 승리를 믿으시기 바랍니다.

둘째, 현재 실현의 측면

"의에 주리고 목마른 자는 복이 있나니 그들이 배부를 것임이요"

이 말씀은 불의한 세상의 오늘이라는 삶의 현장에서 지금 이 순간, 우리가 구체적으로 경험할 수 있는 현재적 축복의 약속이기도 합니다.

세상은 어둡습니다. 세상은 불공평합니다. 세상은 불의합니다. 그런데 이 불의한 세상 한복판에서 의로우신 하나님을 소망하고 그 하나님과 교제하는 사람들은 오늘 우리를 둘러싸고 있는 불의한 현실에도 불구하고 여전히 누릴 수 있는 복이 있습니다.

마치 예수님을 따라다니던 그 어느 날의 무리들처럼 말입니다. 벳새다의 들판에 모였던 1만 명이 넘는 굶주린 군중들의 모습을 성경에서 보셨습니까? 예수님은 그들을 향해 말씀을 계속하십니다. 제자들이 걱정하기 시작합니다.

"선생님, 잠시 설교를 중단하시고 이 사람들을 먼저 보내서 먹을 것 해결하고 돌아와서 다시 선생님의 말씀을 듣게하면 안 될까요?"

당연한 상식적인 걱정입니다. 그런데 예수님이 어떻게 말씀하십니까?

"갈 것 없다 너희가 먹을 것을 주라"(마 14:16)

"선생님, 여기는 빈들입니다. 어떻게 먹을 것을 구할 수가 있습니까?"

제자들은 그들 앞에 그들과 더불어 대화하고 있는 그 주님이 바로 이 빈들의 굶주림에 대한 대답일 수 있다는 사실을 순간적으로 망각했습니다. 주님이 말씀을 계속하십니다.

"너희들이 가지고 있는 것을 내 앞에 가지고 오너라."

그것은 보리떡 다섯 개와 물고기 두 마리였습니다. 주께서 이것을 축사하고 나누어 주실 때 기적이 일어났습니다.

"(그들이) 다 배불리 먹고"(마 14:20)

여기에 쓰인 '배부름'을 의미하는 헬라어 '코르타조'(chortazo)가 본문에서도 동일하게 사용되었습니다.

의에 주리고 목마른 자는 복이 있나니 그들이 배부를 것임이요(마 5:6)

그들은 아무것도 없는 빈들에서 그리스도로 말미암아 풍요를 누릴 수 있었습니다. 그들의 삶의 해답이신 그분을 경험하는 순간, 그분의 임재를 체험하는 순간, 갑자기 그들은 배불러지기 시작합니다. 그렇습니다. 인생은 의가 결핍된, 사랑이 결핍된 빈들입니다. 그러나 이 빈들 한복판에서 의의 근원이신 주님, 의 자체이신 주님을 바라보고 소망하는 사람들에게 주께서는 의의 배부름으로 축복하십니다. 나는 그분의 평강으로, 그분의 생명으로, 그분의 은혜로 그리고 그분의 영광으로 배부를 것입니다.

"의에 주리고 목마른 자는 복이 있나니 그들이 배부를 것임이요"

만약 불신자들이 의를 사모하기 시작하면, 그들은 의의 근원이신 주님 앞에 나아와 저들의 마음과 삶 속에 드리워져 있던 불의함을 자백하기 시작할 것입니다. 그 순간 주께서는 저들의 죄를 용서하시고 그들을 의롭다

하십니다. 이것이 구원입니다. 목마른 인생이 주 앞에 나올 때 이 의의 축복, 구원의 축복을 받는 것을 믿으시기 바랍니다.

신자가 의를 사모하게 되면, 그들의 삶 속에 더욱 거룩함이 나타날 것입니다. 주님의 형상을 닮아가는, 더욱 거룩해져 가는 하나님의 사람들의 거룩한 변화가 있습니다. 이것이야말로 진정 부요한 영혼의 모습입니다.

"의에 주리고 목마른 자는 복이 있나니 그들이 배부를 것임이요"

따라서 우리는 이 의를 그리고 이 의의 근원이신 하나님을 인해서 주리고 목말라 해야 할 필요가 있습니다. 이 의에 대한 그리고 이 의의 근원이신 주님에 대한 목마름을 주께서 내게 주시기를 기도하시기 바랍니다.

어떻게 의에 주리고
목마른 사람이 될 수 있는가?

그 대답은 이 팔복의 순서가 해답입니다. 정말 행복한 사람은 어떤 사람이라고 했습니까?

첫째, 심령이 가난한 사람

어떻게 심령이 가난한 자가 될 수 있습니까? 하나님의 눈으로 나를 볼 때, 나에 대한 지적(知的) 인식은 나를 가난한 사람이 되게 할 수밖에 없습니다. 심령이 가난한 사람이 되게 할 수밖에 없습니다.

둘째, 애통하는 사람

자신을 하나님의 눈으로 계속 보십시오. 가지고 있어야 할 것을 가지고 있지 못한 나, 주 앞에 한없이 부끄러운 나, 나는 마침내 살아계신 하나님 앞에 애통하기 시작합니다. 깨어지기 시작합니다. 우리의 존재됨에 대한 거룩한 성찰 가운데 하나님의 기대에 부응치 못하고 살고 있는 오늘의 내 모습으로 인해서 아파하며 나는 무너져 갑니다. 깨져 갑니다. 애통하는 사람이 되어 갑니다.

셋째, 온유한 사람

어떻게 온유한 자가 될 수 있습니까? 우리는 우리 자신의 힘으로는 자신을 조절할 수가 없습니다. 스스로를 컨트롤 할 수 없는 사람들의 비극, 한순간 삶의 리듬을 잃어버리고 무너져 가는 인생들을 우리 주변에서 많이 봅니다. 하나님의 거룩한 통치만이 나를 나다운 삶의 모습으로 세울 수가 있습니다. '온유한 자'란 이 하나님의 주권적인 도우심을 기대하며 전능하신 하나님 앞에 자신을 의탁하는 사람입니다. 이것은 의지의 결단을 통해서 가능합니다. 주께서 나를 다스려 주기를 소망하십니까? 주님 앞에 자신을 드리십시오. 완전히 나를 드리세요. 오늘 하루, 아니 오늘 이 순간 하나님이 나를 정말 붙잡아주시고 다스려 주시고 지배해 주시도록 자신을 주 앞에 드리시기 바랍니다.

"하나님, 당신이 나를 다스리지 아니하고는 하나님이 기뻐하시는 삶이 될 수가 없고 하나님이 기뻐하시는 사람이 될 수가 없사오니, 하나님이여 나를 다스려 주시옵소서."

하나님의 다스림을 정말 사모하는 사람, 그의 인생의 유일한 관심은 바로 하나님 한 분이 될 것입니다.

"주님만이 주님이 원하시는 그 삶을 내게 줄 수가 있고, 주님만이 나를 주님이 원하시는 사람으로 만들 수가 있다면, 주님 내가 주님을 사모합니다. 주님만이 내가 원하고 내가 바라는 내 관심, 내 유일한 초점이 되시는 분입니다."

이러한 사람의 생각과 의식을 지배하고 있는 유일한 관심은 바로 하나님일 수밖에 없습니다. 아무것도 그 하나님보다 더 중요한 것은 없습니다.

이렇게 하나님을 주리고 목마르게 구하고 계십니까? 오늘 우리 시대는 주리고 목마르다는 얘기를 잘 이해할 수 없는 시대가 되었는지도 모르겠습니다. 특별히 요즘 세대는 모를 것입니다. 굶어봤어야지요. 주리고 목말라 보았습니까?

국어 선생님이 학생들에게 묻기를, '먹다'의 과거형이 뭐냐고 물었답니다. 모든 학생이 일제히 '먹었다'라고 대답했습니다. 덩달이가 혼자서 손을 번쩍 들고 대답했습니다.

"아니에요. '먹다'의 과거형은 '배고프다' 입니다. 배고프니까 먹었지요."

우리는 주리고 목마르다는 의미를 잘 이해하지 못하는 시대 속에 살고 있습니다. 우리가 어렸을 때만 해도 주리고 목마름은 절실한 고통이었습니다.

제게 이 '주리고 목마르다는 것'을 이해할 수 있는 사건 하나가 있습니다. 예수 믿고 얼마 되지 않아서 예수 믿고 변하기는 변했는데 아직도 바람직한 내 모습을 보지 못하는 것이 너무 안타까워서 기도하기로 했습니다. 남들이 한번 해보라고 권고해서 제가 금식기도를 해보기로 결심했습니다. 40일 하면 길 것 같아서 20일을 작정하고 기도했습니다. 그래서 경기도 화성군 장안면 독정리 마을에서 조그마한 방을 얻어가지고 20일 금식기도를 작정하고 기도에 들어갔습니다. 하루 이틀은 잘 넘겼어요. 사흘쯤 되니까 죽겠어요. 금식기도는 사흘째가 굉장히 힘들어요. 너무너무 고통스러워요. 가을철에 그 방에서 기도하고 있었는데 갑자기 이렇게 쳐다보니까 방구석에 감이 몇 개 매달려 있어요. 그다음부터는 계속 감만 보여요. 눈을 감아도 감만 보여요. 나와 세상은 간 곳 없고 감만 가득해요. 저것을 떼어서 던져버릴까 하다가 '내가 유혹을 한번 이겨보자. 그대로 놔두고 기도하자'고 마음먹었습니다. 그런데도 계속 감만 보이는 거예요. 그래도 1주일을 넘겼습니다. 10일을 넘겼습니다. 11일을 넘겼습니다. 12일 아침, 저는 드디어 이 감을 따먹고 금식기도를 파계하고 말았습니다.

제가 이 경험을 통해서 깨달은 것이 하나 있습니다. 사람이 정말 주리고 목마르게 되니까 생각이 딱 하나밖에 없어요. 먹을 것 생각밖에 없어요. 주리고 목마른 것을 해결할 수 있는 대상에 대한 생각 하나밖에 없어요. 그것으로 꽉 차 있어요. 다른 아무런 생각이 없어요. 아마 지금 북한 동포들 실상이 그럴 겁니다. 배고프면 식량 생각밖에 없어요. 그러니까 그것에 지배되고 마는 겁니다. 배고프면 이데올로기고 뭐고 아무것도 없어요. 그 배고픔을 충족시킬 수 있는 대상에 대한 생각밖에 없어요. 그것이 모든 것을 다 지배합니다.

제가 왜 이 말씀을 드립니까? 사람이 정말 하나님에 대해서 목마르다면 그분밖에 생각하지 않아요. 하나님밖에. 오늘 당신과 저를 지배하고 있는 가장 중요한 생각, 가장 중요한 관심은 무엇입니까? 무엇이 내 의식을 지배하고 있습니까? 나의 하나님, 내 생명, 내 소망, 내 사랑 그리고 내 삶의 근원이신 하나님, 그 하나님에 대한 생각과 의식이 나를 온전히 지배하고 있습니까? 성경은 "주리고 목마른 자는 복이 있나니 그들이 배부를 것임이요"라고 말씀합니다. 하나님을 인해서 주리고 목말라 하는 사람들은 하나님으로 말미암아 배불러질 것입니다. 주의 임재로 충만한 영혼, 거룩하신 하나님이 내 영혼 속에 임재하시고, 사랑의 하나님의 임재가 내 마음을 지배하고 내 삶을 지배하는 이 넉넉한 풍요!

"의에 주리고 목마른 자는 복이 있나니 그들이 배부를 것임이요"

이런 사람들은 시편 기자와 더불어 이렇게 고백할 수 있습니다.

여호와는 나의 목자시니 내게 부족함이 없으리로다(시 23:1)

그래서 주께서 우리에게 "너희는 먼저 그의 나라와 그의 의를 구하라"고 말씀하십니다(마 6:33). '하나님의 나라를 구하라'는 것은 '천당을 구하라'는 말이 아닙니다. 이것은 하나님의 통치를 구하는 것을 말합니다. 성도의 삶의 특성은 하나님의 다스림을 받는 것입니다. 또한 '하나님의 의를 구하는 것'은 하나님과의 바른 관계와 사람과의 바른 관계 속에서 하나님이 기뻐하시는 삶을 추구하는 것입니다. 이럴 때에 '이 모든 것을 더해 주시는' 복을 받습니다.

그렇습니다. 진정으로 주 앞에 의로운 삶 그리고 하나님을 기쁘시게 해

드리는 이 삶을 위해서 헐떡이고 목말라하는 사람들은 하나님의 표준에
서 동떨어진 자신의 모습을 볼 때마다, 이 역사의 현장을 볼 때마다 안타
까운 심정으로 회개하며 의로우신 하나님 앞에 달려와 엎드릴 것입니다.
그리고 예수 그리스도를 믿는 그 순간, 주께서는 나를 의롭다고 해주십니
다. 그리고 의를 사모하는 인생을 살게 됩니다. 이 어찌 축복이 아니겠습
니까? 이 어찌 영광이 아니겠습니까? 이 풍요를 사모하십니까? 그렇다
면 인생의 초점을 하나님께 옮기십시오, 당신의 삶의 진정한 대답이신 하
나님 그리고 당신의 삶의 구원이신 예수 그리스도를 목마르게 구하시기
바랍니다. 지금 구하시기 바랍니다.

05

긍휼히 여기는 자의 복

마태복음 5장 1-7절
[1]예수께서 무리를 보시고 산에 올라가 앉으시니 제자들이 나아온지라 [2]입을 열어 가르쳐 이르시되 [3]심령이 가난한 자는 복이 있나니 천국이 그들의 것임이요 [4]애통하는 자는 복이 있나니 그들이 위로를 받을 것임이요 [5]온유한 자는 복이 있나니 그들이 땅을 기업으로 받을 것임이요 [6]의에 주리고 목마른 자는 복이 있나니 그들이 배부를 것임이요 [7]긍휼히 여기는 자는 복이 있나니 그들이 긍휼히 여김을 받을 것임이요

마이클 크리스토퍼라는 사람의 작품 가운데 〈검은 천사〉가 있습니다. 연극 무대에서도 세계적인 센세이션을 일으킨 작품 가운데 하나였습니다. 이 작품의 내용은 독일 뉘렌베르크 전범(戰犯) 재판소에서 나치 전범으로 판결받아 30년 징역형을 살고 나온 엥겔이라는 이름의 독일 장군에 대한 이야기입니다.

이제 그는 노년이 되어 출감한 후에 아내와 함께 잊혀진 사람으로 살려고 프랑스의 산골 마을에 숨어들어 외딴곳에 있는 작은 오두막집 하나를 구입하고 정착을 시도합니다. 그런데 프랑스 청년 저널리스트 한 사람이 그를 추적하기 시작했습니다. 자기 가족들이 그에 의해 살해당했다고 믿고 있었던 이 청년은 법정이 그에게 사형선고를 내리지 않은 것에 크게 분개했습니다. 그래서 자기가 대신 그를 처형하고 복수하기로 결심했습니다. 그는 이 마을에 숨어들어서 마을 사람들에게 이 장군의 과거를 폭로합니다. 그리고 마을 사람들과 함께 며칠 후, 야심한 밤중에 그의 오두막집을 습격하여 불을 질러 그를 태워 죽이기로 계획을 세웠습니다.

그런데 바로 그 거사 전날 그는 문득 이 장군이 무슨 까닭으로 자기 가족을 살해했는지 진상을 직접 그의 입술로 듣고 싶은 충동을 느꼈습니다. 그래서 혼자 이 오두막집을 찾아가서 자기가 누구인가를 그에게 얘기하고 진상을 밝힐 것을 요구합니다. 노장군은 의외로 솔직하고 담담하게 모든 경위를 털어놓기 시작했습니다. 그 이야기를 들으면서 이 청년은 어쩐지 이 노인이 불쌍한 사람이라고 느껴지기 시작했습니다. 그래서 청년은 마음을 바꾸어 내일의 습격 계획을 이 노인에게 알려 주고 즉각 도피하라고 권고를 합니다. 그때 노인은 이 청년을 향해서 이렇게 묻습니다.

"그러면 젊은이여, 당신은 나를 용서하는 것입니까?

그때 이 청년 저널리스트는 그 노장군을 향해서 이렇게 말합니다.

"내 마음에 당신을 향해서 복수하고 싶은 마음은 없어졌지만, 나는 솔직히 당신을 용서할 마음은 없습니다."

그다음 날 밤, 이 노장군은 자기 집을 습격한 마을 사람들에 의해서 아내와 함께 불에 타서 죽게 된다는 얘기입니다.

이 이야기가 제기하고 있는 문제가 있습니다. 한 인간에게 죽음을 피한다는 사실보다도 더욱 절실한 문제는 '죄책에서 해방되어 용서를 얻는 것'이라는 사실입니다.

예수님의 팔복 가운데 다섯 번째 복은 주님의 가르침 가운데 용서의 가르침의 바탕이 되는 긍휼의 축복을 우리에게 가르치고 있습니다. 긍휼함이 없이는 용서할 수 없습니다.

긍휼히 여기는 자는 복이 있나니 그들이 긍휼히 여김을 받을 것임이요(마 5:7)

우리는 이 말씀 앞에서 이 질문을 던지지 않을 수가 없습니다. 무엇이 '긍휼'입니까?

'긍휼'이란 무엇인가?

헬라어 본문에서는 '긍휼'을 '엘레오스'(eleos)라는 말로 표기했습니다. 한 성경학자는 이 단어를 이렇게 정의했습니다. "긍휼은 당연한 결과로 비참한 상태에 빠진 사람을 오히려 불쌍히 여겨 그를 돕는 미덕이다"라고 말입니다.

지난 세기의 유명한 설교가였던 토머스 왓슨(Thomas Watson)은 이렇게 정의했습니다.

"'은혜'라는 단어가 죄 가운데 빠져있는 사람들을 향한 하나님의 호의라면, '긍휼'은 죄의 결과로 비참한 상태 속에 있는 사람들을 향한 하나님의 애정이다."

우리는 앞 장에서 '의에 주리고 목마른 사람의 복'을 함께 나누었습니다. 그때 '의'는 하나님의 성품이라고 강조했습니다. 동시에 '긍휼' 또한 하나님의 성품인 것을 아십니까? 하나님이 만약 의로운 하나님이신데 긍휼이 없다는 그 하나님은 우리에게 얼마나 무섭고 엄격한 하나님일까요? 반면에 하나님이 우리를 긍휼히 여겨주시는 하나님이신데 그분에게 의가 결핍되어 있다면 우리를 향한 그분의 긍휼은 얼마나 감상적인 긍휼일까요? 그분은 의로우신 하나님이십니다.

에베소서 2장 4절에 보면 하나님을 '긍휼이 풍성하신 하나님'으로 말씀합니다. 성경은 거듭거듭 '하나님은 우리를 불쌍히 여기신다. 그분은 우리를 긍휼히 여기신다'고 강조합니다. '긍휼'은 하나님의 성품입니다. 따라서 이 긍휼은 또한 성도들이 자신 안에서 완성해야 할 인격의 덕목이라고 할 수가 있습니다. 긍휼히 여기시는 하나님을 받아들이고 그 하나님 안에서 살고자 하는 모든 성도들이 추구하고 완성해야 할 인격의 덕목 가운데 하나가 '긍휼'입니다.

골로새서 3장 12절에서 바울 사도는 이렇게 말합니다.

그러므로 너희는 하나님이 택하사 거룩하고 사랑 받는 자처럼 긍휼과 자비와 겸손과 온유와 오래 참음을 옷 입고

우리가 하나님의 선택받은 사람이라면, 하나님에 의해서 거룩하고 사랑받는 대상이 된 사람이라면 이제 우리는 긍휼의 옷을 입어야 합니다. 바울 사도가 첫 번째로 강조한 것이 바로 긍휼의 옷이었습니다. 우리는 긍휼을 이루어가야 합니다. 그리고 우리가 진실로 이 긍휼의 풍성을, 긍휼의 인격을 날마다 이루어갈 때 우리는 우리를 긍휼히 여기시는 주님을 닮아가는 놀라운 축복이 우리 삶의 장(場)에 임할 것을 믿습니다.

긍휼이란 나의 죄 때문에 내가 당연히 받아야 할 비참한 상태 속에 빠져있던 나를 하나님께서 오히려 불쌍히 여겨주신 것입니다.

왜 긍휼을
베풀어야 하는가?

긍휼은 우리에게 축복을 동반하기 때문에 긍휼을 베풀어야 합니다.

긍휼히 여기는 자는 복이 있나니 그들이… (마 5:7)

본문에서 '그들이'라는 단어가 강조되었습니다. 즉, '그들만이'(다른 사람들을 긍휼히 여기는 사람들만이) 긍휼히 여김을 받을 것입니다. 누구에게 우리가 긍휼히 여김을 받는다는 말입니까? 이웃들이나 다른 사람들에게서 그리고 궁극적으로는 하나님으로부터 긍휼히 여김을 받을 수가 있다는 말입니다. 내가 다른 사람을 불쌍히 여길 때 다른 사람이 그리고 하나님이 나를 불쌍히 여겨주십니다. 이것이야말로 주기도문의 교훈의 핵심이 아닐까요? 우리는 어떻게 기도합니까?

우리가 우리에게 죄 지은 자를 사하여 준 것 같이 우리 죄를 사하여 주시옵고(마 6:12)

만약 우리가 나를 향한 우리 이웃들의 잘못을 용서할 수가 없다면 하나님이 나를 용서하신다는 사실을 어떻게 확신할 수가 있을까요? 이러한 소행이 마침내 하나님과 나 사이의 관계를 흔들어버릴 것입니다. 내가 이웃을 용서하지 못하면서 하나님이 나를 용서하셨다는 용서의 감격을 어떻게 우리 삶의 장에서 확신할 수가 있겠습니까? 남을 긍휼히 여기지 못하는 사람은 결과적으로 자신이 용서받았다는 사실도 확신할 수가 없게 됩니다. 그리고 스스로도 비참한 자리에 설 수밖에 없습니다.

서두에 언급한 독일의 엥겔 장군의 비극은, 그 사람만의 비극은 아니었습니다. 그를 용서하지 못하고 그를 긍휼히 여기지 못하고 평생 미움과 복수의 칼을 갈면서 삶의 모든 에너지를 미움과 복수를 위해서 쏟아부었던 청년 저널리스트의 삶도 똑같이 비극이었음을 우리는 잊지 말아야 합니다.

긍휼은 축복을 동반합니다.
"긍휼히 여기는 자는 복이 있나니"
그러나 긍휼히 여길 수 없다면, 우리는 이 메시지를 역설적으로 이렇게 바꾸어서 말해야 할지도 모릅니다.
"정죄하는 자는 화가 있나니."
남을 용서하지 못하고 남을 긍휼히 여기지 못하고 오히려 반대로 다른 사람을 정죄하고 비판하는 것이 삶의 스타일이 되어 있는 사람들을 향해서는 우리가 이렇게 메시지를 전해야 할지 모릅니다.
"정죄하는 자는 화가 있나니 그들이 정죄함을 받을 것임이요."

《베니스의 상인》을 보면 포샤라는 주인공의 말을 빌어 셰익스피어는 긍휼을 이렇게 정의합니다.
"긍휼은 고요히 내리는 빗방울처럼 긍휼을 베푸는 사람과 긍휼을 받는 사람을 다함께 축복한다."

얼마나 아름다운 묘사입니까?

"긍휼히 여기는 자는 복이 있나니 그들이 긍휼히 여김을 받을 것임이요"

어떻게 긍휼을 베풀 수가 있는가?

작은 공동체를 통해서 그리스도인의 영성의 삶을 한평생의 과제로 알고 추구해 온 헨리 나우웬(Henri Nouwen)은 용서의 삶을 살고자 하는 사람, 용서를 자기 삶의 스타일로 삼고자 하는 사람에게 세 가지 중요한 권면을 합니다.

첫째로, 묵상하라.

용서의 삶을 살기 원하십니까? 묵상을 하십시오. 무슨 묵상을 할까요? 주님이 나를 어떻게 용서해 주셨는가를 묵상하십시오. 하나님이 어떻게 나를 있는 모습 그대로 받아주시고, 나를 용납해 주시고, 나를 용서해 주셨는지 나를 향한 그 하나님의 용서를 묵상해 보십시오. 깊이 묵상해 보십시오. 그러면 나는 용서에 빚진 자임을 알 수 있을 것입니다.

복음서에서 예수께서 말씀하신 용서의 비유 가운데 이런 비유를 기억할 것입니다. 어떤 사람이 1만 달란트라는 어마어마한 빚을 졌습니다. 그런데 그가 그 빚을 용서받았습니다. 이 얼마나 감격스러운 해방입니까?

그는 이런 빚을 용서받은 과거를 가지고 있었습니다. 그런데 1만 달란트 빚을 탕감받은 그 종이 자기에게 불과 1백 데나리온의 작은 빚을 지고 있었던 사람을 용서하지 못하는 모습을 주께서 지적하십니다.

이것이 나의 모습이 아닐까요? 하나님이 나를 어떻게 받아주시고 어떻게 용서해 주셨는지 묵상해 보십시오.

둘째로, 결단하라.

이웃을 용서하기로 결단해야 합니다. 그 결단은 조건 없는 용서여야 합니다. 조건 없이 용서하십시오. 조건에 익숙한 현대인들은 '조건 없는 용서'라는 것을 이해하지 못할지도 모릅니다.

요즘 세간에 이런 현대인들의 삶을 풍자하기 위해서 〈용서받지 못할 사람 시리즈〉가 생겼습니다.

"머리카락이 없는 남자는 용서해도 머릿속에 든 것이 없는 남자는 용서할 수 없다. 머리 나쁜 여자는 용서해도 남편 머리 위에 올라타는 여자는 용서할 수 없다. 숏다리 여자는 용서해도 배 나온 여자는 용서할 수 없다. 과거가 있는 남자는 용서해도 미래가 없는 남자는 용서하지 못한다." 현대인들의 용서는 조건적입니다. 그러나 주님이 우리를 어떻게 받아들이셨습니까? 그것은 조건 없는 용서였습니다. 그러면 우리도 조건 없이 우리 이웃을 용서할 수 있어야 합니다. 결단을 내려야 합니다.

셋째로, 기도하라.

누군가가 용서가 잘 되지 않습니까? 그를 위해 기도해 보십시오, 기도하는 사람은 용서할 수 있습니다. 아무리 내 가슴에 상처를 입히고 내 삶의 장에 무거움과 부담을 주었던 사람이라 해도 그를 가슴에 품고 기도해 보십시오. 그러면 용서가 됩니다.

저는 가끔가다 보면 정말 싫은 사람이 있습니다. 제 아내를 가만히 보면 싫은 사람이 없는 것 같습니다. 그래서 어느 날 제가 아내에게 질문을 했습니다.

"당신은 정말 싫은 사람이 없어요? 솔직히 말해봐요. 나한테 고해성사를 해봐요."

"왜 없느냐" 하며 자기도 있다는 것입니다. "그런데 싫은 사람이 있는 것 같은 모습을 내가 느낄 수가 없는데 어째서 그래요?" 하니까 자기는 기도해서 그렇다는 것입니다.

제가 기도 시간을 비교해 보면 아내가 저보다 기도를 많이 합니다. 그러니까 사람을 품는 것이 넉넉하고 저보다 관용이 많은 것 같습니다. 그래서 가끔 제 아내가 기도할 때 들어보면 기도 내용 가운데 제일 많이 나오는 대목은 이것입니다.

"불쌍히 여겨주옵소서."

그러면 저는 '아, 누구하고 문제가 있어서 기도하고 있구나' 하는 생각이 듭니다. 그런데 어느 날 제가 밖에 갔다가 들어오는데 방에서 이런 기도 소리가 들려요.

"불쌍히 여겨주옵소서."

누구 보고 그러나 하고 자세히 들어보니까 "남편을 불쌍히 여겨주옵소서"하는 것이었습니다.

기도하면 인간관계가 순화됩니다. 기도하면 내 마음속에 맺힌 상대방에 대한 미움과 독기가 다 빠져나갑니다. 그리고 얼마 후에 넉넉한 마음으로 상대방을 바라보게 됩니다.

제가 좋아하는 시 가운데 강은교 시인의 〈우리가 물이 되어 만난다면〉이 있습니다.

얼마나 좋을까 흐르는 물처럼 만날 수가 있다면…

이 시의 절정에 보면 이런 대목이 있습니다.

그러나 우리는 지금 불로 만나려고 한다.
미움의 불, 증오의 불을 태우면서 불길 속에 만나려고 한다.
벌써 숯이 된 뼈 하나가 세상의 불타는 것들을 쓰다듬고 있나니.

이 시의 마지막 부분에서 시인은 이렇게 초청합니다.

저 불이 지난 뒤에 흐르는 물로 만나자.

흐르는 물처럼 만날 수가 있다면, 기도가 그것을 가져다줍니다.
주께서 나를 어떻게 용서하셨는가를 묵상하십시오.
조건 없이 용서하기로 결단하십시오.
기도하십시오. 그러면 나는 마침내 넉넉한 가슴으로 내 사랑하는 이웃들을 바라볼 수가 있을 줄로 믿습니다.

누구에게 긍휼을 베풀어야 하는가?

첫째, 불행한 사람들
내 주변을 바라보십시오. 얼마나 불행한 이웃들이 많습니까. 스가랴 선지자는 이렇게 말합니다.

> 만군의 여호와가 이같이 말하여 이르시기를 … 서로 인애와 긍휼을 베풀며 과부와 고아와 나그네와 궁핍한 자를 압제하지 말며… (슥 7:9-10)

과부와 고아와 나그네와 궁핍한 자들에게 긍휼을 베풀어야합니다. 인생의 극심한 비참함을 겪는 이들이 바로 이런 사람들입니다.

둘째, 불의한 사람들
의롭지 못하게 나를 대하고, 그래서 내 가슴 속에 상처를 준 그리고 나를 핍박하고 나를 고통스럽게 한 사람들에게 긍휼을 베풀어야 합니다. 이 것이 주님이 우리에게 보여주신 모본이었습니다. 이천 년 전 십자가에 달리시사 자기를 십자가에 못 박은 사람들을 위해서 기도하시던 주님의 음성이 들리지 않습니까?

아버지 저들을 사하여 주옵소서 자기들이 하는 것을 알지 못함이니이다(눅
23:34)

궁휼의 가슴에서 나온 기도입니다. 주님에게서 이 기도를 배웠던 사람,
스데반의 마지막 모습을 기억하십니까? 자기를 향해서 돌팔매질로 죽음
을 요구하고 있는 사람들을 위해 드렸던 스데반의 기도를 기억하십니까?
"주여 이 죄를 그들에게 돌리지 마옵소서"(행 7:60)
누구에게 이 기도를 배웠을까요? 주님에게 배웠습니다. 누구에게 이
삶을 배웠을까요? 주님에게 배웠던 것입니다.

〈유토피아론〉을 주창했던 토마스 모어(Thomas More)는 그 자신이 유
토피아를 말했지만 그의 삶은 고통의 삶이었습니다. 마지막에 그는 법
정에서 사형언도를 받습니다. 그리고 최후의 진술을 요청받았을 때 자
기에게 사형을 내린 재판관을 향해서 토머스 모어는 이런 유명한 말을
남겼습니다.
"재판관이시여, 당신은 나에게 사형언도를 내렸지만 저 천국에서 나는
당신과 친구가 되어 만나고 싶소. 바울과 스데반처럼. 스데반을 죽이는
데는 사울이라는 사람도 한몫했습니다. 그러나 두 사람은 천국에서 친구
로 만났을 것입니다. 나도 당신과 함께 천국에서 친구로 만나 영원을 함
께 누리고 싶습니다."
이 토마스 모어를 향해서 재판관은 "나는 당신에게 사형을 언도했는데
당신은 어째서 나에게 그런 선의의 말을 던지십니까?" 하고 물었습니다.
토머스 모어는 이렇게 대답했습니다.

"주께서 나를 그렇게 대해 주셨기 때문입니다."

이것이 바로 긍휼입니다. 불의한 사람들에게, 가슴 아픈 상처를 입힌 사람들에게 이렇게 긍휼을 베풀어 보십시오.

셋째, 불신자들

불행보다도 더 비참한 것이 있습니다. 불의를 행하는 것보다도 더욱 큰 비참함이 있습니다. 그것은 하나님 없이 하나님을 신뢰하지 않고 인생을 사는 것입니다. 이러한 불신자들을 기다리고 있는 종착역은 지옥입니다. 이것보다 더 커다란 비참함이 어디 있겠습니까? 내가 이 지옥을 피할 수가 없었을 때, 하나님의 영원한 진노의 대상이었을 때, 나를 긍휼히 여겨 주시고 나를 그 지옥에서 건져주시사 천국의 아들로 삼아 주신 하나님! 이것은 하나님의 긍휼 때문이었습니다. 그래서 베드로는 이렇게 말합니다.

너희가 전에는 백성이 아니더니 이제는 하나님의 백성이요 전에는 긍휼을 얻지 못하였더니 이제는 긍휼을 얻은 자니라(벧전 2:10)

우리가 이 하나님의 긍휼을 입어 용서함 받아 예수 그리스도를 구주와 주님으로 믿고 하나님을 아버지라고 부르는 이 삶을 살게 되었다면, 이제 우리는 하나님 없이 살고 있는 불신앙의 이웃들에게 이렇게 긍휼의 복음을 전해야 할 것입니다.

"하나님은 당신을 긍휼히 여겨주십니다. 당신은 용서받을 수가 있습니다. 당신은 하나님의 사람을 입을 수가 있습니다."

이렇게 긍휼의 복음을 전하는 사람들은 온 세상을 바라보며 이렇게 기도할 수가 있습니다.

"주여, 주의 긍휼을 온 땅에 부어주시옵소서!"

마음이 청결한 자의 복

마태복음 5장 1-8절
[1]예수께서 무리를 보시고 산에 올라가 앉으시니 제자들이 나아온지라 [2]입을 열어 가르쳐 이르시되 [3]심령이 가난한 자는 복이 있나니 천국이 그들의 것임이요 [4]애통하는 자는 복이 있나니 그들이 위로를 받을 것임이요 [5]온유한 자는 복이 있나니 그들이 땅을 기업으로 받을 것임이요 [6]의에 주리고 목마른 자는 복이 있나니 그들이 배부를 것임이요 [7]긍휼히 여기는 자는 복이 있나니 그들이 긍휼히 여김을 받을 것임이요 [8]마음이 청결한 자는 복이 있나니 그들이 하나님을 볼 것임이요

《백범일지》를 보면 김구 선생이 어렸을 때, 관상쟁이가 되기를 희망한 한때가 있었습니다. 그도 '출세길은 과거에 급제하는 길밖에 없다'고 생각해서 공부에 열중했습니다. 그러나 돈이 급제를 결정하던 당시에 그에게 합격의 행운은 찾아올 수가 없었습니다. 어느 날 백범의 아버지가 농담삼아서 "관상쟁이가 되면 생계는 걱정이 없겠다"고 한 말에 솔깃해서 그는 관상에 관한 책을 하나 구해서 열심히 공부했습니다. 그런데 그 책의 내용을 따라서 먼저 자기 관상부터 보았더니 자기 관상이 천하에 불길하고 흉한 상이었습니다. 김이 샜습니다.

'내 관상이 이 지경인데 남의 관상을 보아서 무엇하리요.'

이런 생각이 들어서 다 포기하려고 했습니다.

그런데 그 책의 마지막 한 줄의 글이 결정적으로 그의 인생의 방향을 바꾸었습니다. 이런 글이 있었습니다.

"관상(觀相)은 신상(身相)만 못하고 신상은 심상(心相)만 못하다."

'얼굴이 잘 생긴 관상은 몸이 튼튼한 신상만 못하고 몸이 튼튼한 신상은 마음이 순전한 심상만 못하다'는 뜻입니다.

그래서 백범 선생은 '어떻게 좋은 심상을 가질 수가 있겠는가?'를 그 책에서 계속 보니까 '심상은 마음먹은 목표에 따라 결정된다'는 것을 터득하였습니다. 그리하여 그는 이렇게 다짐하였습니다.

"내 삶의 목표는 불행한 내 조국과 민족을 구하는 것이다."

이것이 백범 선생이 애국의 길에 들어서는 전기가 되었습니다.

만약 이 산상수훈의 여섯 번째 복이 "얼굴이 아름다운 자는 복이 있나니" 하고 시작되었다면 얼마나 많은 사람들이 비관했겠습니까? 또 "신체가 늘씬한 자가 복이 있나니"라고 했으면 얼마나 많은 자매들이 비관했겠습니까? 그러나 "마음이 청결한 자는 복이 있나니 그들이 하나님을 볼 것임이요"라고 했습니다.

무엇이
청결한 마음인가?

'청결'로 번역된 헬라어는 '카타로스'(katharos)라는 단어이고 '청결하다'는 동사로는 '카타리조'(katharizo)라는 단어가 사용되었습니다. 심리학 용어이기는 하지만 요즘 많이 사용하는 영어의 '카타르시스'(catharsis)도 같은 뜻입니다. '정서가 순화된다, 마음이 정화된다'는 뜻이지요. 그래서 이 단어는 우선 깨끗해진 마음, 정화된 마음을 뜻합니다. 다시 말하면 우리 마음이 본래는 깨끗하지 못하다는 것을 전제하고 있는 것입니다. 예레미야 선지자는 이렇게 말합니다.

만물보다 거짓되고 심히 부패한 것은 마음이라 누가 능히 이를 알리요마는
(렘 17:9)

또 예수님은 마태복음 15장 17절 이하에서 "입으로 들어가는 것이 우리를 더럽히지 않는다. 마음에서 나오는 것이 우리를 더럽힌다. 마음에서 나오는 것은 악한 생각과 살인과 간음과 음란과 도둑질과 거짓 증언과 비방이다"라고 말씀하십니다.

요즘 우리는 환경 오염을 많이 이야기합니다. 그러나 이 환경 오염보다 더 심각한 문제는 '마음의 오염'입니다. 최근에 '내 마음이 너무 더럽혀져 있다. 지난날처럼 내가 순전하지 못하다'는 사실 때문에 가슴 아파하며 자기 마음의 오염에 대해 심각하고 진지하게 고민해 본 적이 있습니까?

"마음이 청결한 자는 복이 있나니"

'청결한 마음'은 깨끗해진 마음, 정화된 마음을 뜻합니다.

또 이 단어는 다른 각도에서 보자면 '섞이지 않은 마음'으로 정의할 수 있습니다. 그 마음의 동기가 순수한 것을 가리킵니다.

저 유명한 기독교 실존주의 철학자 키르케고르(Kierkegaard)는 청결한 마음을 정의하기를, "이것은 우리의 의지가 한 대상을 향해서 온전히 드려진 마음이다"라고 정의했습니다. 아주 아름답고 적합한 정의라고 할 수 있습니다. 우리 마음이 나누어지면 마음이 부산해지고 이 마음은 쉽게 흐트러지고 거기에 부패가 싹틀 수밖에 없습니다. 그래서 키르케고르는 청결한 마음에 대해 '마음의 단일성', '하나된 마음', '한 대상을 향해서 드

려진 마음', 즉 'singleness of mind'라는 유명한 정의를 내렸습니다.

예레미야서 32장 39절을 보면 하나님께서 이런 약속을 하셨습니다.
"내가 그들에게 한 마음을 주리라"
나누어지지 않은 마음, 거룩한 목적 그리고 거룩한 존재를 향해서 온전히 드려진 마음, 이것은 얼마나 귀한 마음일까요? 시편 119편 2절에는 "전심(全心)으로 여호와를 구하는 자는 복이 있다"고 했습니다. 갈렙이 그런 사람이었을 것입니다. 다윗이 바로 그런 사람이었을 것입니다. 아니 바로 그것이 우리 주 예수 그리스도의 마음이었을 것입니다. 죽음 앞에서도 '아버지의 뜻'을 받들며 그 뜻 앞에 전폭적으로 복종하셨던 그리스도의 마음을 생각해 보십시오. 히브리서 7장 26절은 우리의 대제사장이신 예수 그리스도에 대하여 "거룩하고 악이 없고 더러움이 없는 분"이라고 말씀합니다. 이 청결한 마음이 바로 그리스도 예수의 마음인 것입니다.

왜 청결한 마음을 가져야 하는가?

이 말씀에 나타난 약속을 음미해 보십시오.

마음이 청결한 자는 복이 있나니 그들이 하나님을 볼 것임이요(마 5:8)

다시 여기서 강조된 것은 '그들이'라는 단어입니다. '그들만이', '마음이 청결한 사람들만이' 하나님을 볼 것입니다. "하나님을 볼 것임이요"에서 동사는 미래 시제로 표기되었습니다. 그들이 어느 날 하나님을 뵙게 될 것입니다.

청결한 마음이 왜 중요합니까? 청결한 마음은 마지막 날 주님을 만날 준비를 갖춰 주기 때문입니다. 히브리서 12장 14절을 보면 "거룩함을 따르라 이것이 없이는 아무도 주를 보지 못하리라"고 말씀합니다. 우리는 어느 날 주님 앞에 서야 합니다. 내 삶의 주인이요, 역사의 심판자이신 그분 앞에 서야합니다. 그분은 거룩하신 분입니다. 그분 앞에 서서 그분을 뵙는다는 것은 두려운 일입니다. 구약성경에 보면 하나님을 뵈려고 시도하다가 죽은 사람들이 많습니다. 절대적으로 거룩하신 하나님 앞에 내가 선다는 것은 실로 두려운 일이 아닐 수 없습니다. 그런데 어느 날 그분 앞에 서야 합니다. 그분 앞에 담대히 서려면, 그분 앞에 부끄럼 없이 서려면 무엇보다 중요한 것이 거룩함입니다.

그러나 이 말씀이 미래 시제만을 겨냥한 것은 아니라고 생각합니다. 동시에 현재적인 적용의 중요성도 가지고 있습니다. 왜 청결한 마음이 중요합니까? 지금 여기서 주님과 교제하기 위해서도 이 청결한 마음은 중요합니다.

사도 베드로는 이렇게 말합니다.

오직 너희를 부르신 거룩한 이처럼 너희도 모든 행실에 거룩한 자가 되라 기록되었으되 내가 거룩하니 너희도 거룩할지어다 하셨느니라 (벧전 1:15-16)

죄는 하나님과 나 사이의 교제를 단절시킵니다. 회개는 이 교제를 회복시킵니다.

"내가 주님과 거룩한 교제를 나눌 수가 있다면 그래서 거룩한 주님을 닮아갈 수 있다면…"

당신은 이런 열망을 가져보셨습니까?

크리스천 의사인 폴 트루니에(Paul Tournier)는 이렇게 말했습니다.
"인간의 삶의 기간을 크게 세 부분으로 나눈다고 하면, 유아기나 소년기에 우리가 가지는 가장 커다란 열망은 아마도 소유의 열망일 것이며, 청년기의 열망은 경험일 것이다. 그러나 장년기의 열망은 마땅히 인격의 열망이 되어야한다."

어린아이들을 보면 무엇이 그들을 가장 강렬하게 지배하고 있습니까? 갖는 것입니다. "내 거야!" 하는 소유 의식이 강합니다. 아이들만 그렇습니까? 장년이 되어서도 아직도 소유의 집착에서 해방되지 못하고 있다면, 내 인생은 아직도 유아기적인 상태에 고착되어 있다고 밖에 할 수 없습니다.

청년은 경험을 즐겨야 합니다. 새로운 세계를 그리고 새로운 과제를 그리고 새로운 차원의 인생을 그들은 탐험하고 싶어합니다. 청년기의 열망은 경험입니다.

그러나 장년기에 들어서 내 삶을 마무리할 그 시간이 가까울수록 그리고 거룩하신 내 주 앞에 서야 할 그 시간이 가까울수록 인생의 열망은 마땅히 인격의 열망이 되어야합니다. 주님 앞에 서는 날 '내가 얼마나 벌었는가'는 하나도 중요한 것이 아닙니다. 살아계신 하나님 앞에 서는 날, 나는 어떤 사람이 되어 있을까요? 이것이 정말 중요한 문제입니다. 거룩하신 주님을 사모하며 마침내 거룩한 그분 앞에 그분을 닮은 존재로 설 수 있다면 얼마나 좋겠습니까? 주께서 이 거룩의 열망을 우리에게 주시기를 바랍니다.

"마음이 청결한 자는 복이 있나니 그들이 하나님을 볼 것임이요"

어떻게 우리는 청결한 마음을 가질 수 있는가?

소극적인 측면에서 보면, 도덕적으로나 윤리적인 결단으로는 청결한 마음을 가질 수 없습니다. '청결한 삶을 살고 싶다'는 단순한 윤리적 결단 혹은 도덕적 결심만으로는 되지 않습니다. '청결'이라는 단어에 가장 익숙해 있는 대표적인 사람들이 있다면 바로 유대인들입니다. 지금 예수님 앞에 이 말씀을 받고 있었던 제자들 그리고 많은 유대인들은 무엇보다도 이 '청결'이라는 단어에 익숙해 있었습니다. 아니, 그들은 차라리 '청결'이라는 단어의 강박관념에 사로잡힌 사람들이었다고 해도 지나친 말이 아닙니다. 특별히 레위기를 보면 먹어야 할 음식, 먹지 말아야 할 음식이 구별됩니다. 만져야 할 것, 만지지 말아야 할 것이 구별됩니다. 해야 할 일, 하지 말아야 할 일들이 구별되고 있습니다. 예컨대 우리가 죽은 사람의 시체를 만졌다. 나병환자를 어쩌다 접촉하게 되었다 그러면 구약의 규례에 의하면 이 사람은 거리를 걸어다니면서 이렇게 외쳐야 했습니다.

"나는 부정하다, 나는 부정하다, 나는 부정하다."

이렇게 소리치며 다녀야만 했습니다. 이 '정결/청결'이라는 단어가 구약에서 무려 150회 이상이나 등장한다는 사실만 보아도 이 정결에 대한 그들의 과잉 의식을 볼 수가 있습니다. 이 정결한 삶을 추구하기 위해서 그들은 정결에 관한 많은 규례를 만들었답니다.

예수님 당시에 와서 저 유명한 바리새인들은 정결 규례를 지키기 위한 시행 세칙들을 또 만들었습니다. 그것이 얼마나 많은지 모릅니다. 그런데 이 정결 규례를 많이 만들수록 그들은 더욱 부정한 자신을 발견합니다. 이 정결 규례가 그들을 깨끗하게 한 것이 아니라 오히려 그들에게 죄책만 더해주었습니다. 이것이 그들의 도덕적인 딜레마였습니다. 거룩을 소원하지만 거룩할 수 없었던 그들, 정결하게 살기를 원하지만 정결할 수 없었던 갈등이 그들의 갈등이었습니다. 이것이 오늘날 우리들의 도덕적 딜레마가 아닙니까? 하기를 원합니다. 안 됩니다. 하지 말아야 할 것이 있습니다. 그런데 그것만 골라가면서 하지 않습니까! 하지 말라고 하면 더 하고 싶어요.

어떤 자매의 이름이 김숙자였다고 합니다. 그런데 자기 이름이 끝에 가서 '자'(子)자가 붙는 것이 너무너무 싫었답니다.
'유치하게 하필이면 끝에다 '자'자를 붙여놨을까.'
자매들은 이름에 '자'자 붙은 이름이 많잖아요. 순자, 영자, 정자, 명자, 말자 … 너무너무 '자'자 붙은 것이 싫어서 다른 사람이 이름이 뭐냐고 하면 아예 '자'자를 빼버리고 자기는 "김숙이에요" 이렇게 대답했다고 합니다. 어느 날 어떤 노인이 와서 이름이 뭐냐고 묻더랍니다. 김숙자라고 하기 싫으니까 "저는 김숙이에요" 했더니 그 노인이 "아, '숙'자(字)? 무슨 '숙'자인가?"하고 물었습니다.

"저는 '숙자'가 아니에요 '숙'이에요."

결과적으로 '자'자가 더 많이 사용되었습니다. 안하려고 하면 본래 더 하는 법입니다.

도덕의 영역에서도 마찬가지입니다. '하지 말아야겠다'고 하면 더 하게 됩니다. 이것이 도덕적인 딜레마입니다. 기독교는 단순한 도덕의 지식을 전달하는 종교가 아닙니다. '도덕적 지식'이 없는 게 문제가 아니라 '도덕적 무능'이 문제입니다. 우리는 해야 될 것을 알고 있습니다. 하지 말아야 될 것 또한 알고 있습니다. 그러나 그렇게 살 수 있는 도덕적 능력이 우리 안에 주어져 있지 않습니다. 이것은 도덕적, 윤리적 결단만으로 가능하지 않습니다.

어떻게 하면 이 청결한 마음을 가질 수가 있을까요? 성경의 대답은 이 것입니다. 그것은 믿음의 결단에 의해 하나님의 선물로 주어지는 것입니다. 내가 믿음으로 주 앞에 서서 예수 그리스도를 의지할 때 위로부터 하나님은 정결한 마음을 선물로 주십니다. 에스겔서 36장 26절 이하에 보면 하나님은 선지자를 통해서 복된 약속을 우리에게 주십니다.

> 또 새 영을 너희 속에 두고 새 마음을 너희에게 주되 너희 육신에서 굳은 마음을 제거하고 부드러운 마음을 줄 것이며(겔 36:26)

새로운 마음이 위로부터 주어진다고 말씀합니다. 어떻게 주어집니까? 내 스스로 정결케 할 수 없었던 내 부정을 인식하고, 내 삶의 도덕의 파산을 인지하고, 살아계신 하나님 앞에 서는 순간, 비로소 십자가는 영광스럽게 다가옵니다. 내 허물과 죄를 담당하시고 이천 년 전 십자가에 매달리신 예수 그리스도, 십자가상에서 보배로운 피를 떨구시던 그분, 그분은 그 피로 오늘날도 죄인들의 죄에서 그들을 해방시키십니다. 그리고 그들의 마음속에 새로운 마음을 주십니다. 성경은 이렇게 약속합니다.

누구든지 그리스도 안에 있으면 새로운 피조물이라 이전 것은 지나갔으니 보라 새 것이 되었도다(고후 5:17)

새 마음을 주시는 하나님을 찬양하시기 바랍니다. 그리고 내가 주 앞에 서서 기도할 때마다 그리고 거룩한 말씀 앞에 설 때마다 주께서는 이 새로운 마음을 키워 주십니다. 여기에 거룩의 비밀이 있습니다.

오래전 영국에 젊은 변호사 한 사람이 있었습니다. 십 대 때 벌써 변호사가 된 사람입니다. 출세가도를 달렸습니다. 어느 날 그는 영국 의사당 앞에서 굉장히 중요한 일을 입증해야 할 막중한 사명을 맡았습니다. 떨렸습니다. 그것이 너무나 스트레스가 된 나머지 그는 발표하다가 중간에 쓰러졌습니다. 그 이후에 그는 정신 착란을 일으키기 시작했습니다. 그런데 사단이 바로 그 순간 이 젊은 변호사의 영혼을 사로잡고 그 마음을 정죄하기 시작했습니다. 그는 늘 사람들에게 "나는 너무 더럽혀진 존재다. 나는 쓸모가 없다"고 말했으며 때로는 자살 충동을 느끼기까지 했습니다.

그래서 몇 번씩 자살을 기도했습니다. 그러나 다행히 그 주변에 이 변호사를 불쌍히 여긴 그리스도인들이 찾아와서 그에게 하나님의 사랑을 증거했습니다. 복음의 말씀을 제시해 주었습니다.

"주님은 당신을 사랑하십니다. 그리스도의 보혈은 당신을 해방시킵니다. 주님은 당신을 깨끗하게 하셨습니다. 형제여. 주의 보혈을 의지하십시오."

이 끈질긴 그리스도인들의 도움을 통해서 그는 거의 10년 만에 자살 충동에서 벗어났습니다. 내 죄를 십자가에서 담당하시고 보혈로 나를 씻어 주신 하나님의 사랑이 그 마음속에 믿어지기 시작했습니다. 그는 자기 마음속에 새롭게 탄생하기 시작한 놀라운 노래를 그리고 감격의 간증을 시로 고백하기 시작했습니다. 우리가 자주 부르는 찬송가 258장(작사 W. Cowper, 샘물과 같은 보혈은)이 바로 그것입니다.

> 샘물과 같은 보혈은 주님의 피로다
> 보혈에 죄를 씻으면 정하게 되겠네.
> 저 도적 회개하고서 보혈에 씻었네
> 저 도적 같은 이 몸도 죄 씻기 원하네.
> 죄속함 받은 백성은 영생을 얻겠네
> 샘솟듯하는 피 권세 한없이 크도다.

윌리엄 카우퍼(W. Cowper)라는 유명한 변호사의 간증입니다. 그는 십자가 앞에서 주의 거룩한 보혈로 씻음을 받습니다. 그런데 그 변호사에게 결정적으로 십자가 보혈의 능력으로 그를 해방시켜 준 말씀 하나가 있습니다. 그가 성경을 보다가 스가랴서에 이르렀습니다. 스가랴서 13장 1절을 보다가 그의 눈이 크게 열렸습니다.

"그날에 죄와 더러움을 씻는 샘이 … 열리리라"

'이 샘이 무엇일까?' 하고 생각하다가 '그렇지! 십자가상에 매달리신 예수 그리스도, 거기 골고다 언덕에 떨구시던 그분의 보혈, 그 보혈이 내 더러움을 씻었다'는 사실을 깨달았습니다. 해방이었습니다. 정죄는 지나갔습니다. 새로운 마음이 임했습니다. 그는 주님을 찬양하기 시작했습니다.

날 정케하신 피 보니 그 사랑 한없네
살 동안 받는 사랑을 늘 찬송하겠네.

주께서 동일한 정결의 마음을 우리에게 주시기를 바랍니다. 그리고 이 마음을 주신 주님을 흠모하시기 바랍니다. 주께서 우리에게 거룩을 이루어나가시는 그 놀라운 역사를 경험해 보십시오. 그리고 어느 날 주 앞에 부끄럼 없이 담대하게 서실 그날을 바라보십시오. 주께서 말씀하십니다.

"마음이 청결한 자는 복이 있나니 그들이 하나님을 볼 것임이요"

07

화평하게 하는 자의 복

> **마태복음 5장 1-9절**
> [1]예수께서 무리를 보시고 산에 올라가 앉으시니 제자들이 나아온지라 [2]입을 열어 가르쳐 이르시되 [3]심령이 가난한 자는 복이 있나니 천국이 그들의 것임이요 [4]애통하는 자는 복이 있나니 그들이 위로를 받을 것임이요 [5]온유한 자는 복이 있나니 그들이 땅을 기업으로 받을 것임이요 [6]의에 주리고 목마른 자는 복이 있나니 그들이 배부를 것임이요 [7]긍휼히 여기는 자는 복이 있나니 그들이 긍휼히 여김을 받을 것임이요 [8]마음이 청결한 자는 복이 있나니 그들이 하나님을 볼 것임이요 [9]화평하게 하는 자는 복이 있나니 그들이 하나님의 아들이라 일컬음을 받을 것임이요

어느 중학교 미술 선생님이 평화를 주제로 한 그림을 그려오도록 했습니다. 한 학생의 작품이 선생님의 시선을 끌었습니다. 가파른 절벽이 있는 바닷가의 그림이었습니다. 사나운 해풍이 계속해서 몰아치고 있는데 절벽 가운데 움푹 패인 곳이 있습니다. 천연의 보금자리라고 할 수가 있겠지요. 거기 어미새 품에 안겨서 방긋 웃고 있는 아기새의 그림이었습니다. 이것은 성경이 약속하는 평화의 그림과 일치합니다. 세상에는 광풍과 비바람이 계속 몰아치고 있습니다. 그런데 그 가운데서도 누릴 수 있는 평화가 성경이 약속하는 평화입니다. 성경이 약속하는 평화는 도전과 갈등과 분쟁이 없기 때문에 누릴 수 있는 평화가 아니라 갈등이 계속되지만 삶의 도전과 거센 삶의 역경은 계속되지만, 그럼에도 불구하고 누릴 수 있는 평화의 약속인 것입니다.

예수께서 십자가에서 못 박히신 후, 제자들은 예수님을 십자가에 못 박았던 유대의 군중들이 자신들을 박해하지 않을까 해서 뿔뿔이 흩어졌다가 은밀히 다시 모이게 되었습니다. 어느 비밀 아지트에 모여서 문을 굳게 닫고 은신하고 있었던 제자들 사이에 두려움이 팽배해 있었습니다. 좌절과 갈등과 패배 의식이 그들을 사로잡았습니다. 그때 갑자기, 부활하신 주님께서 그들 가운데 나타나셨습니다. 그리고 제일성(第一聲)의 선언은 다음과 같았습니다.

너희에게 평강이 있을지어다 (요 20:19)

"평화가 당신에게 함께 하시기를(샬롬)!" 하는 것이 오늘날 우리가 이스라엘을 방문하면 그곳 사람들에게서 여전히 들을 수 있는 인사말입니다. 사실 이스라엘 백성들의 역사가 결코 평안할 수 없었던 역사적 배경 때문에 그들은 만날 때마다 평화를 빌 수밖에 없었습니다. 어떤 의미에서 이것은 우리 한국 사람들의 인사말과 비슷하다고 할 수 있습니다. 워낙 안녕하지 못했던 역사를 살아왔던 우리 민족이기에 우리는 만날 때마다 "안녕하세요?", "밤새 안녕하셨습니까?"라고 인사합니다. 그만큼 우리 역사가 거센 격랑의 시절을 지나왔다는 증거일 것입니다.

그러나 그날 예수님이 던지셨던 말씀은 단순한 의례적인 인사가 아니라 제자들의 삶을 감동시키는 메시지로 다가오고 있었습니다.

"너희에게 평강(평화)이 있을지어다"

두려움과 절망과 좌절 속에 주저앉아 있었던 제자들에게 부활하신 주님, 그들의 기대를 뛰어넘어 다시 사시사 그들 앞에 등장하신 스승께서 외치시는 부활의 메시지는 얼마나 감격과 능력으로 그들에게 다가왔을까요.

사실상 제자들은 그날 참된 의미에서의 평화를 처음으로 체험했습니다. 그리고 그들은 가는 곳마다 만나는 사람들에게 이 평화를 전하기 시작했습니다. 그리고 세상은 이 제자들에 의해서 바뀌기 시작했습니다.

산상수훈의 일곱 번째 복은 이렇게 주님의 입술을 통해서 우리에게 선포되었습니다.

화평하게 하는 자는 복이 있나니 그들이 하나님의 아들이라 일컬음을 받을 것임이요(마 5:9)

그렇다면 무엇이 화평일까요?

무엇이 '화평'인가?

'화평'이란 말을 히브리어로는 '샬롬'(shalom)이라고 합니다. 이 '샬롬'이란 말은 '갈등이 없다', '싸움이 없다'는 의미도 있습니다. 그러나 그보다 훨씬 더 넘어서는 아주 심오한 의미를 가지고 있는 단어입니다. 어떤 신학자는 이 샬롬의 단어를 이렇게 정의했습니다.

"이것은 삶의 모든 영역에서 건강함과 온전함의 상태를 뜻한다."

단순히 말하자면, 화평은 하나님의 축복을 온전히 경험하는 삶의 상태라고 할 수 있습니다.

레위기 26장을 살펴보면 이 샬롬에 대한 아름다운 정의들을 그리고 샬롬의 축복이 내포하고 있는 다양한 복들을 확인해 볼 수 있습니다. 레위기 26장 3-13절을 보면 샬롬의 축복은 땅이 풍성한 열매를 맺는 복이라고 말합니다. 또한 샬롬의 축복은 이 열매를 거두어들여 내 삶의 필요가 공급되는 복이라고 말합니다. 한걸음 더 나가서 샬롬은 내 삶의 안전이 보장되는 복이라고 말합니다. 6절에 보면 "내가 그 땅에 평화를 줄 것이라"고 말씀하십니다. 그러나 샬롬의 축복은 거기서 한걸음 더 나갑니다. 12절에 보면 "나는 너희 중에 행하여 너희 하나님이 되고 너희는 내 백성이 될 것이니라"고 했습니다. 샬롬의 축복은 참된 하나님의 백성이 되는 축복, 이것이 샬롬의 절정의 축복이라고 말씀합니다. 그다음 13절을 보면 애굽 땅에서 구출받고 자유를 얻어 나온 그 백성들이 이제는 곧고 올바른 삶을 살게 된다는 것을 말씀합니다. 다시 말하면 하나님의 백성다운 바른 삶을 사는 축복을 받는다는 것입니다. 샬롬의 축복은 거기까지 나아갑니다. 구약성경은 이런 삶에서 드러나는 온전한 평화에 대해 말씀합니다.

이 평화는 메시아만이 가져다 줄 것으로 기대되었습니다. 그래서 이스라엘 백성들은 메시아를 기다렸습니다. 이사야 선지자는 오실 메시아에 대해 이렇게 예언했습니다.

그의 이름은 … 평강의 왕이라 할 것임이라(사 9:6)

드디어 예수께서 탄생하시던 그날, 천사들은 예수님 탄생의 기쁜 소식을 이렇게 전합니다.

"지극히 높은 곳에서는 하나님께 영광이요 땅에서는 하나님이 기뻐하신 사람들 중에 평화로다 하니라"(눅 2:14)

세상에는 당분간 전쟁이 계속될 것입니다. 시련과 갈등은 계속될 것입니다. 그러나 그 가운데서도 하나님의 기뻐하심을 입은 사람들은 메시아때문에 평강을 체험할 것이라고 성경은 말씀합니다. 우리를 둘러싸고 있는 역사의 흑암에도 불구하고, 우리를 에워싸고 있는 현실의 갈등에도 불구하고, 사람들은 이 평강을 체험하게 될 것입니다.

이 평강은 오직 그리스도 예수만을 통해서 주어지는 축복인 것을 우리는 믿습니다. 그리고 이 평강은 메시아 되시는 그리스도 자신의 존재 양식 혹은 그리스도 자신의 삶의 양식이라고 말할 수 있습니다.

에베소서 2장 14절을 보면 바울 사도는 "그리스도는 우리의 화평이시다"라고 말합니다. '화평'이란 무엇일까요? 이것은 주님만이 주실 수 있는 것, 주님의 삶의 양식, 바로 주님 자체이신 평안, 이 평안이 바로 주께서 우리에게 약속하시는 평안인 것입니다.

왜 화평이 필요한가?

본문에서 화평을 추구하는 사람들에게 주어진 약속은 무엇입니까?
"화평하게 하는 자는 복이 있나니 그들이 하나님의 아들이라 일컬음을 받을 것임이요"
'일컬음을 받을 것임이요'라는 말의 헬라어 시제는 미래 수동태로 되어 있습니다. 앞으로 하나님의 아들이라고 '불리움을 받게 될 것이다'라는 것입니다. 누구에 의해서 그렇게 불리움을 받습니까?

첫째로, 우리가 하나님의 아들이라는 평가를 받는 것은 하나님의 기대
요, 요구입니다.

히브리서 13장 20절을 보면 양의 큰 목자이신 예수님을 우리에게 주
신 하나님은 바로 평강의 하나님이라고 말씀합니다. 그다음 절을 보십
시오.

"평강의 하나님이 모든 선한 일에 너희를 온전하게 하사"(히 13:20-21)

그 하나님이 평강의 하나님이기 때문에 우리의 삶을 온전케 하기를 소
원하십니다. 이 온전함의 축복이 평강의 축복인 것입니다. 평강의 하나님
은 우리에게 평강 주기를 기뻐하십니다. 평강의 하나님은 우리의 삶 속에
서 평화를 기대하십니다. 왜 우리가 평화를 소유하고 평화를 추구해야 할
필요가 있을까요? 그것이 바로 하나님의 기대이기 때문입니다. 그래서
우리가 참으로 평안을 소유하고 평안을 추구할 때 성경은 이렇게 약속합
니다.

"화평하게 하는 자는 복이 있나니 그들이(그들만이) 하나님의 아들이라
일컬음을 받을 것임이요"

하나님께서 평화를 소유하고 평안을 추구하는 우리를 가리켜서 진정으
로 그분의 자녀라고 인정해 주실 줄로 믿습니다.

둘째로, 우리가 하나님의 아들이라는 평가를 받는 것은 세상 사람들의
기대요, 요구입니다.

역사적으로 사람들은 평화를 쉴 새 없이 추구해 왔습니다. 그럼에도 불

구하고 우리는 평화를 소유하지 못하고 계속 평화에 도전과 위협을 받아 왔습니다. 우리의 평화가 위협을 받을수록 평화에 대한 우리의 갈망은 더욱 절실했습니다.

중세의 어느 수도원에 낯선 사람 하나가 기웃거리면서 문을 노크하고 있었습니다. 수도자가 나와서 물었습니다.

"당신은 누구를 찾습니까?"

이때 이 낯선 나그네는 이렇게 대답했습니다.

"저는 평화를 찾습니다."

이 사람이 바로 단테였습니다. 그러나 평화는 단테만의 열망이 아니라 역사를 살아왔던 모든 사람들의 마음속에 있었던 깊은 열망이었습니다. 성경은 바로 이러한 염원을 가진 화평케 하는 사람들이 세상 사람들에게 '하나님의 자녀'라 일컬음 받는 놀라운 일이 일어날 것이라고 말씀합니다.

세상 사람들은 우리가 드리는 예배 의식에 별로 큰 감동을 받지 못할 것입니다. 우리의 긴 기도에 깊은 인상을 받지 못할 것입니다. 세상 사람들은 우리가 가진 뛰어난 성경 지식에도 감동을 받지 못할 것입니다. 세상 사람들은 우리가 부른 찬송에도 감동을 받지 못할 것입니다. 그러나 우리의 삶이 참으로 평화를 추구할 때 그들은 우리를 가리켜서 "저들이야 말로 진실로 하나님의 자녀들이다"라고 평가할 것입니다.

"화평하게 하는 자는 복이 있나니 그들이 하나님의 아들이라 일컬음을 받을 것임이요"

어떻게 화평하게 하는 자가 될 수 있는가?

첫째로, 화평의 주님을 영접해야 합니다.

화평의 주님을 영접함으로 화평을 만드는 사람이 될 수가 있습니다. 왜 사람들이 화평을 소유하지 못할까요? 왜 사람들이 화평을 경험하지 못할까요? 왜 사람들이 화평 없이 인생을 경영할까요? 성경은 그 깊은 내면의 근본 원인은 바로 죄 때문이라고 말씀합니다. 죄가 우리에게서 평화를 앗아갔습니다. 죄가 하나님과 나 사이의 관계를 단절시켰습니다. 죄가 나와 이웃의 관계를 단절시킵니다. 죄가 부부 관계를 갈라놓습니다. 죄가 친구 관계를 갈라놓습니다. 죄가 우리에게서 평화를 앗아갑니다.

우리에게 평화를 주시기 위해서 하나님은 그 아들이신 그리스도를 이 땅에 보내셨습니다. 그리스도께서 십자가에서 우리의 허물과 죄를 담당하고 돌아가셨습니다. 그 십자가에서 돌아가신 예수 그리스도를 나의 구세주와 주님으로 영접하고 그분이 나의 구원의 주님이심을 믿는 그 순간, 그 보혈의 거룩한 피는 죄에서 나를 자유케 합니다. 나는 죄사함을 받습니다. 그 순간에 내 마음속이 청결해집니다. 청결한 마음속에 하늘의 평화가 임하는 것입니다.

우리는 지난 장에서 마음이 청결한 사람의 복에 대해서 생각해 보았습니다.

"마음이 청결한 자는 복이 있나니"

그다음 복이 무엇입니까?

"화평하게 하는 자는 복이 있나니"

이 순서를 놓치지 마시기 바랍니다. 마음이 청결하지 않으면 화평할 수 없습니다. 청결한 마음에만 임할 수 있는 복이 하늘의 평안, 곧 주님 자신의 평화인 것입니다. 예수 그리스도를 믿고 죄사함을 받은 사람들의 마음속에 주어지는 놀라운 평안이 바로 하나님의 평안인 것입니다. 그리고 이 평화를 소유한 사람만이 이웃들에게 평화를 나누어줄 수가 있습니다. 그들만이 평화를 추구할 수 있습니다.

화평을 추구하는 삶을 살기 원하십니까? 화평의 주님을 만나시기 바랍니다. 그리고 이 화평의 주님을 영접하시기 바랍니다.

둘째로, 화평의 복음을 증거해야 합니다.

'화평'이란 단어는 오늘날 정치적 술어로 변질되었습니다. 그래서 우리는 마치 정치 테이블에서만 평화가 가능한 것처럼 믿게 되었습니다. 물론 이 지구상에서 평화를 만드는 정치적인 노력이 매우 필요한 노력 중의 하나인 것은 틀림없는 사실입니다. 그러나 정치만으로 평화가 올 수 없다는 사실을 알아야 합니다. 사람들은 정치에서 평화에 기대를 걸었지만 정치는 번번이 우리를 실망시켰습니다. 이것은 어느 역사, 어느 나라나 마찬가지입니다. 이것이 오늘 우리의 한국의 현실이 아닙니까? 그래서 우리는 선거 때마다 '정치 불신'을 말합니다.

이런 풍자적인 얘기를 들었습니다. 오늘날 정치 지도자들을 사람들이 얼마나 불신하는지 그들에게 붙여진 별명이 뭐냐 하면 '생육신'입니다.

"첫째로 정치에는 등신, 둘째로 뇌물 받는 데는 걸신, 셋째로 의리에는 배신, 넷째로 중상모략에는 귀신, 다섯째로 책임 회피에는 물귀신, 여섯째로 국제적으로는 망신."

그렇다고 우리가 정치를 외면해서는 안됩니다. 그리스도인은 정치에도 관심을 가져야 합니다.

"뽑을 사람이 있어야 뽑지요? 다 별 볼일 없는데 …."

그중에서도 조금이라도 별 볼일 있는 사람이 누구인지 분별하십시오. 인간은 피할 수 없이 정치적 동물이고 이 정치에서 우리는 분리되어 살수가 없습니다. 우리가 뽑는 사람들에 의해서 이 나라의 운명이 달라질 수가 있음을 생각할 때 그리스도인의 정치 참여의 책임은 매우 중요한 책임 중의 하나입니다. 그러나 이 정치가 우리에게 온전한 평화를 가져다줄 수 있다는 환상은 버리시기 바랍니다.

복음만이 우리에게 평화를 줄 수가 있습니다. 복음의 주인이신 그리스도만이 우리에게 진정한 평화를 줄 수가 있습니다. 고린도후서 5장은 그리스도 안의 모든 사람들이 새로운 피조물이 되었음을 선언합니다. 그렇습니다. '그리스도 안에서만' 사람은 새로워질 수가 있습니다. 그들은 새로운 창조물이 될 것입니다. 거듭나 하나님의 사람이 될 수가 있습니다. 그러나 그들에게 주어진 중요한 책임 하나가 있습니다. 고린도후서 5장 19절을 보면 주께서는 새로운 피조물이 된 하나님의 사람들에게 '화목하게 하는 말씀을 부탁하셨다'고 했습니다. 주님은 하나님과 화목하고 하나님의 평화를 경험한 우리에게 이 화목의 메시지를 전할 책임을 부탁하셨습니다. 그다음 절인 고린도후서 5장 20절을 보면 바울 사도는 그리스도인들을 가리켜 '그리스도의 사신(대사)'이라고 말합니다. 평화를 전하는 그리스도의 사신, 평화의 복음을 전하는 그리고 복음의 주인이신 예수 그리스도를 전하는 평화의 사신이 되었다고 말합니다.

우리가 만나는 사람마다, 우리가 가는 곳마다 우리가 부딪치는 모든 사람들에게 전해야 할 메시지는 하나밖에 없습니다.

"하나님과 화목하십시오. 하나님 앞에 돌아오십시오."

이것이 우리가 가진 보배로운 복음의 메시지인 것을 믿습니다. 세상은 바로 이 복음을 통해서만 진정한 평화를 경험하게 될 것입니다. 어떻게 우리는 화평을 만드는 사람이 될 수가 있을까요? 화평의 복음을 증거함으로 화평의 사람이 될 수 있습니다. 따라서 하나님께서 오늘 우리에게 더욱 평화의 복음을 전하고자 하는 열망과 부담을 주시기를 바랍니다.

셋째로, 화평하게 하는 삶을 살아야 합니다.

우리 삶이 우리 메시지를 뒷받침하지 못한다며 그 메시지는 설득력을 잃어버릴 수밖에 없습니다. 우리가 정말 화평하게 하는 복음을 증거하기 원한다면, 화평하게 하는 삶이 되도록 노력해야 합니다. 본문은 이렇게 말씀하지 않습니다.

"화평을 사랑하는 자는 복이 있나니."

또 이렇게 말하지도 않았습니다.

"평화를 소원하는 자는 복이 있나니."

주님은 이렇게 말씀하셨습니다.

"화평하게 하는 자는 복이 있나니"

'피스메이커'(peace-maker), 즉 '평화를 만드는 사람들'에게 복이 있다는 말씀입니다. '평화를 만드는 사람'은 매우 적극적인 단어입니다. 이것은 우리에게 적극적인 책임을 요구하는 단어입니다. 그렇습니다. 우리는 우리가 처한 모든 삶의 현장에서 평화를 만들어야 할 책임이 있습니다. 우리가 평화를 만드는 사람이 된다는 것은 적당히 이 사람과 저 사람의 의견을 중화시켜 타협하는 절충에 유능한 사람이 된다는 것을 의미하지는 않습니다. 주님은 결코 불의 위에 세워진 평화를 원하시지 않습니다. 주께서는 바리새인들과 타협하시지 않았습니다. 그러나 죄와 불의의 모든 피해자들을 주께서는 그 가슴에 안으셨습니다. 그리고 그들에게 긍휼과 자비를 베풀어 주셨습니다. 주님은 그들을 용서하고 치유하셨습니다. 그래서 주님을 만나는 사람마다 평화를 경험했고 주님이 가는 모든 곳에 평화의 새로운 장(場)이 열렸습니다.

누가복음 7장에 보면 예수께서 어느 날 시몬이란 사람의 집에 갔다가 많은 죄를 지으며 험한 세월을 살아온 한 여인을 만나시는 기사가 있습니다. 그녀는 죄 용서를 구하며 울면서 자기 머리채로 예수님의 발을 씻었습니다. 예수께서는 이 여인을 향해서 용서를 선포하며 이렇게 말씀하십니다.

"네 죄 사함을 받았느니라 … 네 믿음이 너를 구원하였으니 평안히 가라"(눅 7:48-50)

또한 누가복음 8장에 보면 혈루증을 앓던 여인, 백약이 무효했던 여인

그리고 인간적인 모든 방법으로 자신의 병을 고칠 수가 없어 절망 가운데 있던 여인이 예수님을 찾아옵니다. 그리하여 지나가는 예수님의 옷자락을 만집니다. '예수님만이 나의 삶에 새로운 소망을 주실 수 있다'는 믿음으로 그분의 옷자락을 만지는 그 순간, 주님의 능력이 그녀에게 흘러갔습니다. 주께서는 이 여인을 새롭게 하셨습니다. 그리고 "네 믿음이 너를 구원하였으니 평안히 가라"고 말씀하셨습니다.

주께서 만나는 모든 사람들에게 평화를 선물해 주셨습니다. 주께서 가시는 모든 곳에 평화가 생겼습니다. 그렇다면 그리스도의 제자 된 우리가 가는 모든 곳에 이 평화가 만들어지고 있습니까? 우리가 만나는 사람들에게 평화의 능력이 감염되고 있습니까? 우리는 이 평화를 증거하고 있습니까? 우리가 무슨 힘으로 평화를 만들 수 있을까요? UN이 실패하고 정치가 실패한 평화를 우리가 어떻게 만들 수 있을까요? 내 힘으로는 불가능합니다. 그래서 주께서 오사 내 죄를 담당하고 부활하셨습니다. 그 부활의 능력으로 평화를 창조하는 삶이 가능하게 하신 것입니다. 이것이 바로 부활의 능력인 것을 믿으시기 바랍니다.

그리스도 앞에 나오는 모든 사람들에게 그리고 그리스도를 구주와 주님으로 믿는 모든 사람들에게 주께서 약속하시는 복된 선언이 로마서 5장 1절에 있습니다.

그러므로 우리가 믿음으로 의롭다 하심을 받았으니 우리 주 예수 그리스도로 말미암아 하나님과 화평을 누리자 우리가 예수님 앞에 달려나와 그분을 구주와 주님으로 의지하고 믿는 그 순간, 주께서 우리를 의롭다고 해주십니다. 그리고 예수 그리스도로 말미암아 하나님과의 관계에서 화목하게 됩니다. 하나님으로 더불어 화평을 누립니다. 하나님은 더 이상 두려움의 대상이 아닙니다. "하나님 아버지!" 하며 하나님을 부르면 내 삶 속에 새로운 차원이 전개됩니다. 이것이 신앙생활의 전부일까요?

로마서 5장 10절 말씀입니다.

"곧 우리가 원수 되었을 때에 그의 아들의 죽으심으로 말미암아 하나님과 화목하게 되었은즉 화목하게 된 자로서는 더욱 그의 살아나심으로 말미암아 구원을 받을 것이니라"

하나님의 아들 예수 그리스도의 십자가의 죽으심으로 일어난 가장 놀라운 사건은 무엇입니까? 하나님으로 더불어 화목하게 된 것입니다. 거기서 끝나지 않습니다. "화목하게 된 자로서는 더욱 그의 살아나심으로 말미암아 '구원'을 받을 것이니라"에서 '구원'은 구원의 완성을 말하는 것입니다. 예수님의 부활 덕분에 구원의 기쁨을 누리며, 구원의 능력 안에서 구원의 완성을 향해서 나아가는 삶이 확보된 것입니다.

로마서 5장 11절 말씀입니다.

"그뿐 아니라 이제 우리로 화목하게 하신 우리 주 예수 그리스도로 말미암아 하나님 안에서 또한 즐거워하느니라"

내가 예수를 믿었고, 하나님은 내 죄를 용서하셨고, 하나님은 나를 하나님의 자녀로 삼아주셨습니다. 나는 하나님과 화목하게 되었습니다. 그러나 이것이 내가 주님 앞에 나와 경험한 사건의 전부가 아닙니다. 시작일 뿐입니다. 이제 하나님과 화목하게 된 나는 주님 주시는 평안으로 날마다 그분 안에서 즐거워하며 평안을 만드는 삶을 살 수가 있습니다. 바로 이런 삶을 살게 하기 위해서 그리고 절망과 갈등의 삶의 장에 평화를 창조하는 새로운 능력을 공급하시기 위해서 주님은 무덤을 이기고 부활하셨습니다. 이것이 바로 부활의 승리인 것입니다. 우리는 이 부활의 능력 안에서 오늘이라는 삶을 살고 있습니까?

한 형제 때문에 어떤 직장의 분위기가 완전히 바뀐 일이 있습니다. 그 직장에 믿지 않는 사람들까지 이구동성으로 이 점을 인정합니다. 제가 그 형제를 만나서 질문을 던졌습니다.

"도대체 어떻게 해서 그런 일을 할 수 있었습니까?"

이 형제는 마지못해 주일에만 교회에 출석해 주는 사람이었습니다. 자기 신앙생활에 대해서 식상해 있었고 어느 정도 갈등을 느끼고 있었습니다. 그리고 직장은 반목과 갈등으로 가득 찬 직장이었습니다. 그래서 그도 직장에 나갈 의욕이 없었다고 합니다.

'내가 계속 이 직장에 나가야 하나. 그만둘까?'

삶에 의욕도 없고 신앙이 자신에게 실제적으로 도움도 안 되는 것도 같아서 삶을 포기할 생각까지 했다고 합니다. 그러다가 어느 날 갑자기 이상한 생각이 스치고 지나갔습니다. 교회에 가서 들었던 메시지 중에서 '주님은 우리와 함께 하신다'는 내용이 떠올랐습니다. '정말 주님이 살아 계시고 나와 함께 하실까' 하는 의문이 생겼습니다. 어느 날 그는 직장을 포기하기 전에 이런 결심을 했습니다.

'그러면 정말 주님이 살아계시고, 주님은 정말 나와 함께 하신다고 생각하고 딱 하루만 살아보자.'

주님이 살아계시고 함께 하신다는 사실이 도무지 실감나지 않고 믿어지지 않았지만 '하루만 살아보자'하는 이 결단은 의지적 결단이었습니다. 그래서 딱 하루만 살아보기로 했습니다.

그렇게 결심하고서 직장에 출근하여 동료들과 말할 때에 주님을 의지하고 주님을 의식하면서 한번 살아보기 시작했습니다. 그렇게 하니까 말과 태도가 달라졌습니다. 동료들이 "너 왜 그러냐?"고 묻기도 했습니다. 그런데 하루를 아주 기분좋게 지냈습니다. '그러면 딱 하루만 더 이렇게 지내보자'고 결심했습니다. 그래서 그다음 날 주님께 도움을 청하는 기도를 드렸습니다.

"주님, 어제는 정말 감사했습니다. 주님, 오늘도 저를 도와주십시오. 오늘 어떻게 말하면 좋겠습니까?"

또 주님을 의지하고 의식하면서 하루를 살아봤습니다. 어제보다 좀 더 나아지고, 내친김에 '에라 삼세번이니까 하루 더 그렇게 살아보자'하고 그다음 날 또 그렇게 살아보았습니다.

그런데 그다음 날 놀라운 일이 일어났습니다. 직장에 와서 "주님, 나를 지켜 주신 것 감사합니다" 하고 고백한 순간, 울컥하고 마음이 뜨거워졌습니다. 그의 눈에서 눈물이 쏟아지고 있었고, 그는 교회를 다니기 시작한 후 처음으로 정말 살아계신 주님, 자기와 함께 하시는 주님을 믿게 되

없습니다. 그의 입에서 찬송이 터져나왔습니다. 그 하루, 자기 생애에 없었던 유쾌한 하루, 비교할 수 없었던 놀라운 하루가 그날 전개되기 시작했습니다. 이런 결심이 세 번으로 그쳤을까요? 그다음 날도, 그다음 날도 계속 그렇게 살았습니다. 직장 사람들이 그의 변화를 알 수가 있었습니다. 그는 여전히 직장 사람들을 주께 하듯 섬기기 시작했고 이 형제를 통해서 직장은 완전히 바뀌었습니다. 그러나 직장을 바꾸기 전에, 하나님은 먼저 이 형제를 바꾸셨습니다.

무엇이 이런 변화를 만들었을까요? 살아계신 주님이 그 형제의 삶의 장에 임하셨던 것입니다. 이것은 부활의 능력이었던 것입니다. 동일한 능력을 체험하시기 바랍니다.

저는 어느 날 저녁, 식사를 하고 쉬면서 뉴스를 보려고 TV를 켰습니다. 8시쯤 되었는데 〈장애인 가요 제전〉이 방송되고 있었습니다. 참 감동이 되어 많이 울었습니다. 온몸이 부자유한 장애인들이 밝고 아름답게 삶을 살려는 그 모습들이 뭉클한 감동으로 다가왔습니다. 그중에 한 자매가 휠체어를 타고 앉아서 자기가 창작한 노래를 불렀습니다. 그 가사가 제 마음속에 깊이 스며들었습니다.

세상에는 좌절과 고통이 있지만
그래도 세상은 아름다워요
당신이 함께 있으면.

아마 이 자매는 자기가 사랑하는 남편을 생각했을지 모릅니다. 그러나 저에게는 '당신'이란 단어가 다른 의미로 다가왔습니다.

"세상에는 좌절과 고통이 있지만 그래도 세상은 아름답습니다. '주님'이 함께 하시기 때문입니다."

저에게는 이런 메시지로 다가왔습니다.

주께서 부활하셨습니다. 우리가 살고 있는 이 세상은 좌절과 고통으로 가득 차 있지만, 주님께서 부활하셨기 때문에 우리는 입술을 열어 찬양하며 이렇게 고백할 수 있습니다.

"주님, 세상은 아름답습니다. 주님이 살아계시기 때문에 세상은 살 만한 가치가 있습니다."

내게 영원한 생명을 주시고, 부활의 능력 안에 이 삶을 살게 하신 주님을 찬양하시기 바랍니다. 그리고 나의 삶 속에 그리스도를 만난 경험이 없다면, 오늘 이 시간 나를 위해 죽으시고 사흘 만에 부활하시사 내게 다가오시는 그리스도를 향해서 의심 많았던 도마처럼 이렇게 외쳐 보십시오.

"나의 주, 나의 하나님, 당신을 나의 주님으로 영접합니다."

바로 지금, 부활의 소망과 능력을 체험하시기를 바랍니다.

의를 위하여 박해받은 자의 복

마태복음 5장 1-12절

[1]예수께서 무리를 보시고 산에 올라가 앉으시니 제자들이 나아온지라 [2]입을 열어 가르쳐 이르시되 [3]심령이 가난한 자는 복이 있나니 천국이 그들의 것임 이요 [4]애통하는 자는 복이 있나니 그들이 위로를 받을 것임이요 [5]온유한 자 는 복이 있나니 그들이 땅을 기업으로 받을 것임이요 [6]의에 주리고 목마른 자 는 복이 있나니 그들이 배부를 것임이요 [7]긍휼히 여기는 자는 복이 있나니 그 들이 긍휼히 여김을 받을 것임이요 [8]마음이 청결한 자는 복이 있나니 그들이 하나님을 볼 것임이요 [9]화평하게 하는 자는 복이 있나니 그들이 하나님의 아 들이라 일컬음을 받을 것임이요 [10]의를 위하여 박해를 받은 자는 복이 있나니 천국이 그들의 것이라 [11]나로 말미암아 너희를 욕하고 박해하고 거짓으로 너희를 거슬러 모든 악한 말을 할 때에는 너희에게 복이 있나니 [12]기뻐하고 즐거워하라 하늘에서 너희의 상이 큼이라 너희 전에 있던 선지자들도 이같이 박해하였느니라

오래전에 제가 잘 아는 서울 강남에 있는 N교회가 신체 장애인들을 위한 학교 건축을 하고 있었습니다. 교회는 학교 강당에서 모일 예정이었습니다. 그러나 이곳에 장애인 학교가 세워진다는 소식이 전해지면서 근처에 사는 아파트 주민들의 격렬한 저지 데모에 부딪쳤습니다. 결국 학교 건축은 진행하되 당분간 강당에서의 교회 예배 계획은 포기하기에 이르렀습니다.

그런가 하면 강북에 위치한 K교회는 주일 예배 시간이면 교회를 알리는 선교 차원에서의 찬양 차임벨 소리를 아주 크게 울리고 있습니다. 그런데 이 소리 때문에 동네 아파트의 집단 민원을 사게 되었고, 급기야 주민들이 교회 앞길을 점령하고 예배 시간이면 북과 꽹과리를 동원해서 예배를 방해하는 사태가 발생하게 되었습니다.

이 두 교회의 목사님과 교인들은 똑같이 불신자들에게 고통을 받았습니다. 그리고 똑같이 불신 사회의 박해를 받고 있다고 느끼고 있습니다. 그러나 이 두 교회의 경우를 '박해'라고 말할 수 있을까요? 어떻게 생각하십니까?

N교회의 경우에는 동네 사람들의 집단적 이기주의가 밑바탕에 있다는 사실을 우리는 간과할 수 없습니다. 장애인 학교가 들어서면 아파트 값이 떨어진다는 것이 숨겨진 그들의 동기임에 틀림없습니다. 따라서 이 교회의 경우 받는 고통은 어느 정도 성경이 말한 박해에 가까운 것입니다. 그러나 K교회의 사건은 엄격히 말하면 박해가 아닙니다. 이것은 지혜롭지 못하고 덕스럽지 못한 교회의 선전 방법이 불러들인 당연한 결과라고 할 수가 있습니다. 차임벨이 무슨 선교와 직접적인 관계가 있습니까? 차임벨은 울려도 좋고 안 울려도 좋은 것입니다. 그러나 이 고집스러운 하나의 방법 때문에 주변의 믿지 않는 사람들에게 어려움을 당한 것입니다. 이것을 박해라고 생각한다면 그것은 오산이고 심리학적 술어를 빌린다면 '순교 망상증'이라고 할 수 있습니다. 혹은 '순교 콤플렉스'라고 할 수 있습니다. 이것은 엄격하게 말하면, 받아야 할 대가를 이 교회가 치르고 있는 것에 불과합니다. 그것은 처벌이지 박해가 아닙니다. 박해와 처벌에는 차이가 있습니다. 누군가 박해를 이렇게 정의했습니다.

"박해는 좋은 일을 한 것에 대하여 나쁜 사람들에게 받는 것이지만, 처벌은 나쁜 일을 한 것에 대해서 좋은 사람에게 받는 것이다."

우리는 종종 우리가 받고 있는 것이 처벌임에도 불구하고, 즉 내가 잘못한 것 때문에 어려움을 당하고 있음에도 불구하고 그것을 박해로 곡해하는 경우가 있습니다. 이것은 착각입니다.

사도 베드로는 우리에게 이렇게 충고합니다.
"너희 중에 누구든지 살인이나 도둑질이나 악행이나 남의 일을 간섭하

는 자로 고난을 받지 말려니와"(벧전 4:15)

"너희가 잘못한 것 때문에 고난을 받는다면 그것은 의미없는 고난이다"라고 사도 베드로는 말하고 있습니다.

예수께서도 제자들을 둘씩둘씩 짝지어 전도하러 내보내면서 강조하신 말씀이 어떤 말씀이었습니까?

"너희는 뱀 같이 지혜롭고 비둘기 같이 순결하라"(마 10:16)

만약 방법론상으로 지혜롭지 못한 우리의 전도 방법 때문에 어떤 어려움을 당한다면 그것은 박해라 할 수 없습니다.

그렇다면 무엇이 진정한 박해일까요?

무엇이
진정한 '박해'인가?

예수께서 "의(義)를 위하여 박해를 받은 자는 복이 있나니"라고 말씀하셨습니다. 그런데 이 '의'를 단순히 사회정의 또는 내가 생각하는 추상적인 정의로 생각하면 안 됩니다. 파스칼은 저 유명한 《팡세》에서 "피레네 산맥 이편에서는 정의인 것이 저편에서는 얼마든지 불의가 될 수 있다"고 말합니다. 이것은 사람들의 시각과 전망의 차이에 따라서 의가 얼마든지 다르게 정의될 수 있다는 사실을 보여줍니다. 의에 대한 진정한 기준이 있다면 그것은 성삼위(聖三位) 하나님 자신이십니다. 성경은 거듭거듭 하나님이 우리의 의 자체가 되신다고 말씀합니다. 신약은 예수 그리스도가 우리의 의로움이 되어 주셨다고 말씀합니다.

본문에서 '의를 위해서 박해를 받는 자'는 '그리스도를 위해서 박해를 받는 자'라는 말로 바꾸어도 조금도 잘못된 것이 아닙니다. 마태복음 5장 10절에는 "의를 위하여 박해를 받은 자는 복이 있나니"이지만 11절에는 "나[그리스도]로 말미암아 너희를 욕하고 박해하고 거짓으로 너희를 거슬러 모든 악한 말을 할 때에는 너희에게 복이 있나니"라고 했습니다. 이상의 문맥에서 볼 때에 '의를 위한 박해'는 바로 '그리스도를 인한 박해'임을 알 수 있습니다. 여기서 '의'라는 것은 추상적 정의나 사회 정의가 아니라 그리스도 자신이라는 사실을 명백히 알 수 있습니다.

우리는 예수를 믿는 순간 그리스도께 연합됩니다. 이제 나는 그리스도와 같이 가치관을 나누게 됩니다. 내가 예수께 속해 있기 때문에 그리고 나는 그분의 가치관을 따라 살기 때문에 이 땅에서 직면해야 하는 고통과 핍박이 있습니다. 이것은 거의 필연적인 것이라고 할 수 있습니다. 왜냐하면 세속적 가치관과 그리스도께 속한 가치관은 충돌할 수밖에 없기 때문입니다. 세상이 예수를 십자가에 못 박았는데, 이 세상에서 그 예수를 따라다니는 제자들이 대접받기를 기대할 수 있을까요? 내가 잘못한 일이 없더라도, 그리스도를 미워하고 냉대하던 이 세상은 자연히 그리스도께 속한 나를 미워할 수밖에 없습니다. 그래서 내가 어떤 고통을 당한다면 그것은 핍박입니다.

요한복음 15장 18-19절 말씀입니다.

세상이 너희를 미워하면 너희보다 먼저 나[그리스도]를 미워한 줄을 알라 너희가 세상에 속하였으면 세상이 자기의 것을 사랑할 것이나 너희는 세상에 속한 자가 아니요 도리어 내가 너희를 세상에서 택하였기 때문에 세상이 너희를 미워하느니라

이것이 바로 박해의 정신입니다. 어떤 그리스도인이 이 세상을 살면서 아무런 어려움이 없이 살아간다면, 그는 문제가 있는 그리스도인입니다. 내가 세상 사람들의 비위를 적당히 맞추면서 내 가치관과 삶의 표준을 조절하며 살았기 때문에 세상은 나를 환영했을 것입니다. 그리스도께 속한 가치관은 충돌을 일으킬 수밖에 없습니다.

앞 장에서 '화평하게 하는 자'에 대해서 말씀드렸습니다. 화평은 진리와 정의를 상실한 화평을 의미하는 것이 아니었습니다. 그것은 진리에 근거한 화평이었습니다. 화평 다음에 주께서 다시 '의를 위한 박해'를 말씀하시고 있다는 것은 얼마나 놀라운 균형입니까? 그리스도를 계속 거절한 세상 그리고 그리스도를 박해하는 세상의 한복판에 서야하는 사람들을 향해서 때로 화평을 강조하면서도 주님은 이렇게 말씀하십니다.

내가 세상에 화평을 주러 온 줄로 생각하지 말라 화평이 아니요 검(劍)을 주러 왔노라 (마 10:34)

주님의 화평은 타협을 전제로 한 화평이 아니었습니다.

우리가 주님 편에 서기를 원할 때 그리고 그리스도께 속한 가치관을 가

지고 내 삶의 장에서 살고자 할 때 피할 수 없이 우리가 받아야 하는 냉대가 있습니다. 그렇다면 기뻐하십시오. 이것은 내가 그리스도께 속해 있다는 사실을 증명하는 삶의 표시(sign)인 것입니다. 이 핍박을 기뻐하시기 바랍니다.

　그리스도인들은 빛입니다. 그러나 우리는 본래 빛이 아니었습니다. 예수님 홀로 빛이셨습니다. 그러나 참된 빛이신 그리스도 예수를 구주와 주님으로 영접하는 순간 우리도 작은 빛이 된 것입니다. 이 빛이 있는 곳에 피할 수 없이 나타나는 현상 하나가 있습니다. 그것은 어둠을 폭로한다는 사실입니다. 빛과 어둠은 함께 할 수 없습니다. 어둠의 세상은 거의 본능적으로 빛을 거부하고 빛을 추방합니다.

　가인의 사건을 생각해 보십시오. 하나님이 받으시는 제사를 드렸던 아벨에 대한 가인의 시기는 마침내 아벨에 대한 박해의 살인으로 나타났습니다.

　모세를 박해했던 바로의 사건을 기억하십니까? 이것은 단순한 모세와 바로의 대결이 아니라 모세를 대적하는 사단의 역사를 보여주고 있는 사건에 불과한 것입니다.

　요셉을 박해했던 보디발의 아내의 사건은 거룩을 질투했던 음욕의 여신의 박해였던 것입니다.

　하나님의 의가 선포되는 곳에 그리고 이 의를 사모하는 곳에 그리고 의로우신 주님을 사랑하는 곳에 피할 수 없이 그리스도인들이 부딪혀야 하는 어떤 전쟁이 있습니다. 거기서 받는 고통이 내 삶의 장에서 나를 아프게 만들거든 기쁘게 여기십시오. 이것은 내가 하나님의 자녀임을 드러내는 사건입니다.

진실로 그리스도 때문에 받는 어떤 고통, 이것이 성경이 말씀하는 핍박의 정체입니다.

왜 하나님은 박해를 허용하시는가?

첫째로, 거짓 성도와 참 성도를 구별하기 위해서입니다.

마태복음 13장의 씨뿌리는 비유를 보면 거기에 네 가지 마음밭이 등장합니다. 길가가 있고 돌짝밭이 있고 가시밭이 있고 좋은 땅이 있습니다. 그중에 두 번째 밭이었던 돌짝밭에 대한 주님의 가르침을 기억하십니까? 어떤 심령의 상태를 상징하기 위해서 이 돌짝밭 비유를 말씀하셨습니까? 돌짝밭에 씨가 떨어졌습니다. 그러나 이 씨는 열매 맺지 못했습니다. 왜 그랬습니까? 누르고 있는 돌 때문에 그렇습니다. 이 돌은 어떤 것을 상징하고 있습니까? 주께서 그 비유를 해석하실 때 어떻게 말씀하십니까?

"말씀을 듣고 즉시 기쁨으로 받되"(마 13:20)

그 사람은 말씀에 대한 기쁨의 반응이 있습니다. 말씀을 잘 받습니다. 말씀을 기뻐할 수도 있습니다. 그러나 주께서는 이렇게 덧붙이십니다.

"그 속에 뿌리가 없어 잠시 견디다가 말씀으로 말미암아 환난이나 박해가 일어날 때에는 곧 넘어지는 자요"(마 13:21)

이스라엘에 가보면 석회석이 참으로 많습니다. 땅 속에 이 돌이 죽 깔려 있습니다. 그래서 무엇을 심으려고 해도 깊이 들어갈 수가 없습니다. 식물이 그 뿌리를 깊이 내릴 수가 없습니다. 바람이 불면 즉시 넘어질 수밖에 없습니다. 뿌리가 없는 나무, 주님 앞에 오기는 했지만 아직 그리스도 안에 신앙의 진정한 뿌리를 내리지 못한 피상적 그리스도인들은 어느 날 삶의 장에 핍박의 바람이 불어오면 그리스도를 '나 몰라라'하고 도망칩니다. 이것이 바로 피상적 교인의 모습입니다. 혹은 세속적 그리스도인의 상징일 수 있습니다. 그는 주께서 주시는 '축복'에는 상당한 관심이 있습니다. "예수 믿으면 건강을 얻고, 예수 믿으면 출세하고, 예수 믿으면 환영도 받는다"고 할 때는 솔깃해서 잘 따릅니다. 그러나 잠시 후 내가 의지했던 그리스도가 내 삶에 플러스가 되지 않는다는 것을 발견하는 순간 얼마든지 포기할 수 있는 신앙, 이것이 돌짝밭에 불과한 마음밭이라고 주께서 지적하십니다. 우리는 그 순간 신앙의 정체를 발견합니다.

오늘과 같은 편안한 삶의 환경에서는 누가 진짜인지 알 수 없습니다. 그러나 핍박의 바람이 불어오면 우리는 알 수가 있습니다. 누가 진짜요 누가 거짓이었는가를 명백히 구별할 수 있을 것입니다.

토머스 왓슨(Thomas Watson)이라는 설교가는 이렇게 말합니다.
"가짜 성도들은 예수님을 따라 감람산까지는 갈 수가 있다. 그러나 갈보리까지는 갈 수가 없다."
그렇습니다. 그리스도께서 내게 주시는 축복에는 상당한 관심이 있습니다. 그러나 십자가를 지고 그리스도와 함께 역사의 변혁을 위해서 어떤 대가라도 지불하며 그리스도를 높이고, 그리스도를 사랑하며, 그리스도께 생애를 바칠 수 있는 그리스도인들은 도대체 어디에 있습니까?

욥기 1장에 보면 사단이 어느 날 하나님 앞에 찾아옵니다. 그리고 욥을 참소하기 시작합니다.

"하나님, 저 욥이 하나님을 열심히 믿는 것 같지요? 주일이면 열심히 교회 나가고 헌금도 잘하고, 그러나 저 사람이 저렇게 믿는 것은 팔자가 좋아서 그래요. 자식들도 번듯하고 재산도 넉넉하고 땅도 많고 …. 하지만 저 사람이 정말 어려움에 처해봐요. 하나님을 믿을 수 있는지?"

'우리가 하나님을 믿는 이유가 하나님께서 우리에게 주시는 어떤 축복 때문이 아니다'라는 샘플을 보이기 위해서 하나님은 그날 사단에게 욥의 목숨만은 건드리지 못하게 하면서 욥의 삶을 공격할 수 있는 권한을 허락하십니다. 그래서 그의 삶의 장에 박해가 다가옵니다. 욥에게도 흔들리는 순간이 있었습니다. 그러나 마침내 욥은 이 고통과 박해의 일련의 과정을 겪으면서 그가 진실로 하나님의 사람이었음을 드러내게 됩니다.

우리로 이 세상 사람들을 향해서 진주 같은 보배로운 그리스도인의 진정한 모습을 나타내게 하기 위해서 주께서 이 핍박을 사용하십니다. 너무나 많은 거짓된 것들이 공동체를 에워싸고 있을 때 교회는 그 권위를 나타낼 수가 없습니다. 그래서 이따금 하나님은 역사의 장에 핍박을 허용하십니다. 그리고 교회를 정화하십니다. 만약 그리스도인들이 하나님이 기대하시는 진정한 모습으로 오늘을 살지 않는다면 어느 한순간 우리가 누리고 있는 이 평안의 정황을 핍박의 정황으로 바꾸실지도 모릅니다.

그렇다면 우리는 과연 핍박의 날에 견딜 수 있는 믿음을 가지고 주님 앞에 서 있습니까?

둘째로, 거룩한 성품을 완성하기 위해서입니다.

연단의 풀무불 속에서만 더러운 찌끼는 녹아내립니다. 다니엘은 이렇게 말합니다.

많은 사람이 연단을 받아 스스로 정결하게 하며(단 12:10)

사람들은 연단을 통과하지 않고는 결코 정결하게 될 수 없습니다. 때때로 하나님은 우리가 환영할 수 없는 것이지만 우리의 삶의 장에 연단을 허용하십니다. 나를 정결케 하고 정화하기 위해서 연단하십니다. 주님 앞에 합당하고 정결한 신부로 세우기 위해서 고난을 허용하십니다. 이미 말씀드린 것처럼, 가짜 성도들은 고난이 오면 주님을 떠납니다. 그러나 진실한 성도들은 고난이 올 때 자신을 살핍니다.

"하나님, 내 삶에 무엇이 잘못되었습니까? 어떤 이유 때문에 이 고난을, 이 아픔을, 이 핍박을 허용하십니까?"

그들에게는 고난이 자기 성찰의 순간일 수 있습니다. 그리고 주 앞에 엎드려 기도하는 사람, 전능하신 하나님의 손길을 받아들이는 사람은 이 일련의 핍박의 과정을 지났을 때 정금처럼 빛나는 모습으로 주 앞에 설 것입니다.

히브리서 12장 10절 말씀입니다.

"그들은 잠시 자기의 뜻대로 우리를 징계하였거니와"

우리 육신의 부모들에 대한 말씀입니다. 그들은 부모로서의 어떤 소원을 관철하기 위해서 자식들에게 채찍을 가할 수 있습니다. 그러나 "오직 하나님은 우리의 유익을 위하여", 즉 "그[하나님]의 거룩하심에 참여하게" 하기 위하여 우리 삶의 장에 채찍과 폭풍우를 허락하십니다.

다음과 같은 시편 기자의 고백을 기억하십니까?

"고난 당한 것이 내게 유익이라 이로 말미암아 내가 주의 율례들을 배우게 되었나이다"(시 119:71)

고난의 순간 즉시 깨닫고 내 삶의 모습을 교정하여 주 앞에 바로 서는 모습은 얼마나 아름다운 모습입니까? 코너로 밀어붙이는 이런 특별한 환경을 통한 교육이 아니고는 교정될 수 없기에 주님은 내 삶의 장에 고난의 폭풍우를 허용하십니다.

이 고통은 우리의 삶 속에서 모든 더러운 찌끼들을 벗어버리게 만듭니다. 그리고 마침내 연단된 모습으로 주 앞에 세울 것입니다. 우리의 거룩한 성품을 완성하기 위하여 주께서는 우리의 삶의 장에 이 핍박을 허용하십니다.

의를 위하여 박해받는 자에게 약속된 복은 무엇인가?

'의를 위하여 박해를 받은 자'에게 주께서 어떤 복을 약속하십니까?

의를 위해서 박해를 받은 자는 복이 있나니 천국이 그들의 것임이라, 기뻐하고 즐거워하라 하늘에서 너희의 상이 큼이라(마 5:10,12)

'천국이 그들의 것'이라고 말씀합니다. 그리고 '하늘에서 상급을 받을 것이라'고 말씀합니다. 이것은 무엇보다 미래 지향적 의미를 가지고 우리에게 다가옵니다. 이 땅에서 고난을 견디는 자에게 하늘의 놀라운 상급이 예비되어 있다고 말씀합니다. 천국의 스타는 누구일까요? 천국에서 진짜 대접받는 스타들은 누구일까요? 그리스도를 위하여 핍박을 받은 사람들일 것입니다.

요한계시록 20장을 읽어보셨습니까? 사도 요한은 하나님의 묵시를 통해 하늘나라의 커튼이 열리면서 전개되는 놀라운 광경을 바라봅니다(계 20:4).

"또 내가 보좌들을 보니…"

그 한복판에 주께서 앉아계십니다. 그리고 주와 함께 앉아있는 무수한 사람들을 봅니다. 그들은 그리스도로 더불어 온 세상을 통치하는 모습들을 보여주고 있습니다. 그때 보좌에 앉아 그리스도와 더불어 왕 노릇 하는 사람들은 누구였습니까?

"…예수를 증언함과 하나님의 말씀 때문에 목 베임을 당한 자들의 영혼들…"

이 땅에서 그리스도를 증거하다가 박해를 받게 됩니다. 하나님의 말씀 때문에, 주의 말씀대로 살고자 하는 결단 때문에 박해가 올 수 있습니다. 타협이 없는 하나님의 말씀에 대한 성실한 내 응답이 내 삶 속에 고통을 줄 수가 있습니다. 그 말씀 때문에 삶에서 고난을 당했던 사람들 그리고 짐승의 표를 받지 아니한 사람들, 적그리스도와의 타협을 거절했던 사람들, 하나님의 말씀에 대한 절대적 순종을 위해서 사단과의 타협을 거절하고 세속주의적 가치관과의 타협을 거절했던 사실 때문에 고통받았던 모든 사람들, 그들이 그리스도와 더불어 왕 노릇 할 것입니다.

이따금 순교자들의 얘기를 들을 때마다 제 마음속에 이런 생각이 듭니다.

'나도 과연 순교할 수가 있을까?'

도무지 자신이 없습니다. 그런데 이 순교자들의 간증을 들어보면 공통된 간증이 있습니다. 하나님께서 그들의 거의 마지막 순간에 하늘나라의 영광스러운 환상을 보여주시는 것 같습니다. 스데반의 경우도 그렇습니다. 전도하다가 돌팔매질을 당해 생명을 잃어버리기 직전에 그는 주께서 하나님 우편에서 벌떡 일어서 계신 모습을 보았습니다. 세상을 이기신 만유의 주 되신 그리스도께서 일어나 순교하고 목숨을 바치는 스데반의 영혼을 받으려고 준비하시는 영광스러운 환상을 본 순간 스데반은 자기를 돌팔매질하는 그들을 용서할 수 있었습니다.

"주여 이 죄를 그들에게 돌리지 마옵소서"(행 7:60)

이 세상 저 건너편에 주를 위해 살았던 사람들을 위한 주님의 놀라운 상급과 영광을 볼 수 있다면, 우리도 승리할 수 있습니다. 그 승리는 나의 성실성 때문에 이루어지는 승리가 아니라 나를 사랑하시고 승리케 하시는 주님으로 말미암아 이루어지는 승리인 것을 믿으시기 바랍니다. 그래서 바울은 이렇게 말합니다.

자녀이면 또한 상속자 곧 하나님의 상속자요 그리스도와 함께 한 상속자니

우리가 그와 함께 영광을 받기 위하여 고난도 함께 받아야 할 것이니라(롬 8:17)

그러나 저는 분문의 "의를 위하여 박해를 받은 자는 천국이 그들의 것임이라"에서 '천국'을 현재적 의미로도 사용할 수 있다고 생각합니다. 의를 위해서 박해를 받는 자는 이 세상에서도 천국을 경험할 것입니다. '지옥 같은 세상에서 경험하는 천국', 이 말이 이해가 되십니까? 내가 예수님 때문에 이 땅에서 고통을 받습니다. 아픔을 겪습니다. 손실을 감수합니다. 어려움을 당합니다. 그러나 그런 사람들에게 하늘나라의 영광스러운 상급이 예비되었을 뿐만 아니라 이 땅에서도 그들은 놀라운 천국을 경험할 수가 있다는 사실입니다. 물론 박해는 우리에게 고통을 가져다줍니다. 그러나 이 고통의 한복판에서 경험할 수 있는 특별한 의미의 천국이 있습니다. 우리가 천국을 자꾸만 '나라'라고만 생각하면 안 됩니다. 천국의 핵심은 '그리스도'이십니다. 천국(天國)보다 더 좋은 말은 왕국(王國)입니다. 왕국의 핵심은 왕입니다. 왕 되신 그리스도께서 다스리시는 나라가 천국입니다. 그 그리스도께서 함께 하신다면 무엇을 두려워하겠습니까?

스펄전(Charles H. Spurgeon)에 관한 일화입니다. 이 위대한 설교가는 말년에 많은 병을 앓았습니다. 그래서 성도들이 찾아와서 스펄전 목사님을 위로하면서 "목사님 아프시죠?"하고 물었습니다. 이때 스펄전 목사님은 이렇게 대답했다고 합니다.

"맞습니다. 아파요. 너무너무 아파요. 그런데 주님은 이 고통보다도 내게 더 가까이 계세요."

아프고 고통스럽습니다. 그러나 주님은 이 고통보다도 더 가까이 내 곁에 계십니다. 그것 때문에 그는 고통 속에서도 황홀한 주님의 은혜를 체험하고 있었던 것입니다.

다니엘의 세 친구인 사드락, 메삭, 아벳느고를 기억하십니까? 그들은 우상에게 절하기를 거부했기 때문에 느부갓네살의 명으로 풀무불 속에 던져졌습니다. 그런데 그 왕은 불속에서 몇 사람을 보았습니까? 네 사람입니다. 이 제4의 인물이 누구였습니까? 주님이셨습니다. 바로 그 고난을 허용하신 분이었습니다.

우리는 우리가 경험하는 고통의 이유를 다 알 수가 없습니다. 왜 내 삶의 장에 이 고통이 찾아오는지 모릅니다. 그러나 나의 유익을 위해서 이 고통을 허용하신 주님이 고통의 현장 속에 나를 세워놓고는 내 곁에 다가오십니다. 그리고 내 곁에 서십니다. 이 고통을 함께 견딜 수 있도록 그리고 이 고통 속에서 기어이 승리할 수 있도록 말입니다. 그러나 정말 그분이 함께 하신다면, 전능하신 그분, 전지하신 그분, 그리고 사랑이신 내 주님이 함께 하신다면 풀무불 속에서도 천국을 체험할 수 있다는 사실을 아십니까? 고통 속에서도 노래합니다. 고통 속에서도 남모르는 행복이 있습니다. 쉽게 떠나가지 않는 고통, 그 고통은 끈질기게 나를 괴롭히고 나를 아프게 하지만 내 마음속에 함께 하시는 주님의 놀라우신 임재로 말미암아 내 속에 체험되는 황홀한 기쁨이 있습니다. 세상이 알 수 없는 기쁨이 있습니다. 이것이 바로 우리가 이 땅에서 경험하는 천국입니다.

지옥에서 경험하는 천국을 아십니까? 제2차 세계대전이 끝나고 나서 연합군이 악명 높은 아우슈비츠 수용소를 접수하러 들어갔습니다. 그것은 지상의 지옥이었습니다. 이 감방 저 감방 수용소의 벽들을 뒤지다가 어느 벽 앞에서 한 연합군 병사의 발길이 멈추었습니다. 그는 망연자실한 표정으로 거의 한 시간 동안 그 벽 앞에서 서 있었는데, 도저히 발걸음을 옮길 수 없었다고 합니다. 왜냐하면 그 벽에서 찬송가의 가사를 읽어낼 수가 있었기 때문입니다. 끔찍한 지상의 지옥인 수용소의 벽에 거기 갇혔던 어느 그리스도인이 써놓은 신앙 고백적 찬양의 가사가 그를 사로잡았던 것입니다. 우리도 잘 아는 찬송가 가사가 거기 있었습니다. 바로 찬송가 304장 〈그 크신 하나님의 사랑〉(작사 F. M. Lehman)입니다.

그 크신 하나님의 사랑 말로 다 형용 못하네
저 높고 높은 별을 넘어 이 낮고 낮은 땅 위에
죄 범한 영혼 구하려 그 아들 보내사
화목제물 삼으시고 죄 용서 하셨네
하나님 크신 사랑은 측량 다 못하네
영원히 변치 않는 사랑 성도여 찬양하세.

하늘을 두루마리 삼고 바다를 먹물 삼아도
한없는 하나님의 사랑 다 기록할 수 없겠네
하나님의 크신 사랑 그 어찌 다 쓸까
저 하늘 높이 쌓아도 채우지 못하리
하나님 크신 사랑은 측량 다 못하네
영원히 변치 않는 사랑 성도여 찬양하세.

시냇가에서 돌들을 치워버리면 시냇가는 노래를 잃어버립니다. 그 돌들 때문에 시냇가는 음악을 만들 수 있습니다. 때때로 우리가 지상에서 경험하는 고통은 하나님을 향한 놀라운 찬양을 만들어냅니다. 나는 이 고통과 절망 때문에 내 사랑하는 주님께 달려갑니다. 고통이 나를 주께로부터 멀리 떼어놓는 것이 아니라 나는 이 고통의 짐을 끌어안고 내 주님 앞에 다가갑니다. 그리고 주를 의지합니다. 주를 의지할 때 주께서 주시는 놀라운 평안, 지상에서 경험하는 황홀한 기쁨, 그리하여 고통의 한복판에서 주 앞에 드리는 황홀한 찬양의 비밀을 아십니까? 이것이 지상에서 경험하는 천국입니다.

"의를 위하여 박해를 받은 자는 복이 있나니 천국이 그들의 것임이라"

이 하나님의 나라가 펼쳐지고 주의 전능하고 자비로운 손길이 함께 하는 한, 우리는 고통을 견딜 것입니다. 그리고 우리는 승리할 것입니다. 우리는 찬양을 주께 드릴 것입니다. 그리고 우리가 그분의 자녀임을 나타낼 것입니다. 또한 그분의 사랑은 이 지상에 편만하신 하나님의 승리로 선포될 것입니다. 이 승리의 삶을 붙잡으시기 바랍니다.

09

주는 자의 복

사도행전 20장 31-35절

³¹그러므로 여러분이 일깨어 내가 삼 년이나 밤낮 쉬지 않고 눈물로 각 사람을 훈계하던 것을 기억하라 ³²지금 내가 여러분을 주와 및 그 은혜의 말씀에 부탁하노니 그 말씀이 여러분을 능히 든든히 세우사 거룩하게 하심을 입은 모든 자 가운데 기업이 있게 하시리라 ³³내가 아무의 은이나 금이나 의복을 탐하지 아니하였고 ³⁴여러분이 아는 바와 같이 이 손으로 나와 내 동행들이 쓰는 것을 충당하여 ³⁵범사에 여러분에게 모본을 보여준 바와 같이 수고하여 약한 사람들을 돕고 또 주 예수께서 친히 말씀하신 바 주는 것이 받는 것보다 복이 있다 하심을 기억하여야 할지니라

타락한 인생의 현저한 특성은 자기중심적 삶을 산다는 것입니다. 소크라테스는 "너 자신을 알라"고 했지만 현대 심리학자들은 "너 자신을 주장하라"고 가르칩니다. 예술가들은 "너 자신을 사랑하라"고 말합니다. 정치가들은 "너 자신을 선전하라"고 말합니다. 교육가들은 "너 자신을 일깨우라"고 말합니다. 휴머니스트들은 "너 자신을 믿으라"고 말합니다. 그런데 이런 유형의 모토(motto)의 공통분모가 있다면, 이 모든 구호들은 '자신에 대한 집착'에 근거하고 있다는 것입니다.

그런데 성경의 주장은 아주 독특합니다. 성경은 '자기 자신을 부인하라'고 가르칩니다. 혹은 '너 자신을 하나님께 드리라'고 가르칩니다.

본문 35절에서 바울 사도는 이렇게 말합니다.

범사에 여러분에게 모본을 보여준 바와 같이 수고하여 약한 사람들을 돕고 또 주 예수께서 친히 말씀하신 바 주는 것이 받는 것보다 복이 있다 하심을 기억하여야 할지니라(행 20:35)

물론 이것은 바울 사도의 설교의 한 토막입니다. 그러나 바울은 이것이 자기 자신의 견해가 아니라 주님이 친히 말씀하신 것이라고 강조하고 있습니다.

"주는 것이 받는 것보다 복이 있다"

그래서 지난 시대의 설교가들은 산상수훈에 나타난 팔복에 이어서 "주는 것이 받는 것보다 복이 있다"는 주님의 말씀을 '아홉 번째 복'이라고 불렀습니다.

이 말씀에서 주님은 받는 것의 가치를 부인하신 것은 아닙니다. 받는 것도 귀한 것이고 축복입니다. 사랑은 받은 자만 알 수가 있습니다. 그러나 받는 것과 주는 것을 비교할 때 우리가 받고 소유하는 소유의 가치보다는 헌신의 가치가 훨씬 더 소중한 것입니다. 그래서 주께서는 "주는 것이 받는 것보다 복이 있다"고 말씀하십니다.

왜 '주는 것'이 축복이 되는가?

첫째로, 성숙을 뜻하기 때문입니다.

어린아이일수록 받으려고만 합니다. 그러나 우리가 커가고 성숙하면서 주는 것의 가치와 보람을 알게 됩니다. 만일 어떤 사람이 성인이 되었어도 주는 것의 가치를 전혀 모르고 산다면, 오늘날 심리학자들이 말하는 〈유아기적 고착〉 증세를 지닌, 어른이지만 일종의 '성인 아이', 소위 'adult children'에 해당된다고 말할 수가 있습니다. 불행한 것은 오늘 우리 시대에는 어른이지만 사실은 아이 같은 사람, '성인 아동들'로 꽉 차 있다는 사실입니다. 이런 사람이 한 가정의 가장이 되면 그 가정은 불행하게 됩니다. 이런 사람이 한 직장의 보스가 되면 그 직장은 갈등, 고통, 수많은 불화로 가득 찬 지옥으로 변할 수밖에 없습니다. 이런 사람이 한 사회의 리더가 되면 그 사회는 퇴보할 수밖에 없습니다.

현대의 고전으로 일컬어지는 실버스타인(Shel Silverstein)의 《아낌없이 주는 나무》의 교훈의 핵심은 바로 '주는 것'입니다. 나무에게서 '주는 것'을 배우지 못한 인간의 불행을 신랄하게 꾸짖고 있는 메시지가 아닐까요?

한 나무가 있었습니다. 이 나무는 자기에게 늘 놀러와서 쉬고 있는 한 소년을 위해서 계속해서 무엇인가 축복을 제공했습니다. 나뭇잎을 주기도 하고, 열매를 주기도 하고, 놀이터를 제공하기도 하고, 휴식을 제공하기도 했습니다. 처음에는 나무도 행복했고 소년도 행복했습니다. 그러나 소년은 커 가면서 좀 더 다른 것을 요구하기 시작합니다. 어느 날 소년은 나무에게 와서 자기가 돈이 필요하다고 말합니다. 나무는 생각하다가 자기는 돈이 없으니까 자기가 만드는 열매를 시장에 내다 팔면 돈이 되지 않겠느냐고 말했습니다. 나무는 행복했습니다. 줄 수 있었기 때문입니다. 얼마 후에 소년은 다시 와서 자기에게 집이 필요하다고 했습니다. 나무는 생각하다가 자신의 굵은 가지들을 갖다가 집을 만들어보라고 말합니다. 나무는 행복했습니다. 줄 수 있었기 때문입니다. 얼마 후에 소년은 다시 찾아왔습니다. 자기가 바다 여행을 하고 싶다고 말합니다. 그리고 바다 여행을 위해서는 배가 필요하다고 말합니다. 나무는 생각하다가 그러면 자기를 다 베어가라고 말합니다. 그래도 나무는 행복했습니다. 줄 수 있었기 때문입니다. 세월이 흘러갑니다. 얼마 동안 소식이 없었던 이 소년은 늙은 소년이 되어서 다시 그 나무 곁으로 옵니다. 그러나 나무는 늙은 소년이 된 이 사람에게 줄 수 있는 것을 별로 갖지 못했습니다. 나무는 슬펐습니다. 늙은 소년은 이제 자기가 피곤해졌다고 말합니다. 그러자 나무는 그 소년을 보더니 이렇게 말합니다. 아직도 자기에게는 나무 밑둥이 남아있으므로 자기 위에 걸터앉으라고 말합니다. 늙은 소년은 그 나무 밑둥에 걸터앉았습니다. 나무는 행복했습니다. 줄 수 있었기 때문입니다.

이 작가는 작품의 끝에 다시 한번 "나무는 행복했습니다"는 말로 종지부를 찍습니다. 작가는 소년의 행복에 대해서는 말하지 않았습니다. 소년은 행복을 배우지 못했습니다. 이 작품은 그 나무와 오랜 세월을 함께 했고 그 혜택을 받으면서도 '주는 것'의 행복을 배우지 못한 인간의 어리석은 불행을 꼬집은 것입니다.

우리는 계속해서 그 오랜 세월의 역사를 통해서도 아직도 '빼앗는 인생'을 살고 있습니다. 그것이 행복이라고 착각하고 있기 때문에 그렇습니다. 바울 사도는 빌립보 사람들이 어느 날 복음을 받아들인 후에 이 복음을 전하는 선교 현장을 위해서 선교 헌금을 내는 것을 보고 마음으로 기뻐했습니다(빌 4:10-20). 그러나 그는 헌금을 받았기 때문에 기뻐한 것은 절대로 아니라고 강변합니다. 이것은 자기를 기쁘게 한 것이 아니라 하나님을 기쁘시게 한 것이라고 말합니다. 이것은 너희들 자신에게 유익이라고 말합니다. 복음을 받았던 그들이 뜻있는 일을 위해서 자신들을 내어주는 것을 보고 바울은 그들의 성숙에 대해 기뻐하는 것입니다.

줄 수 있다는 것이 왜 축복일까요? 줄 수 있다는 것은 성숙을 뜻하기 때문에 그렇습니다.

둘째로, 하나님의 삶의 스타일을 닮는 것이기 때문입니다.

하나님은 내어줌으로써 존재하십니다. 하나님의 삶의 양식은 철저하게 내어주시는 데 있습니다.

하나님이 세상을 이처럼 사랑하사 독생자를 주셨으니(요 3:16)

하나님은 우리의 영생을 위해서 자신의 사랑하는 독생자 예수 그리스도를 우리에게 내어주셨습니다. 예수님만 주신 것이 아닙니다. 바울은 이렇게 말합니다.

"자기 아들을 아끼지 아니하시고 우리 모든 사람을 위하여 내주신 이가 어찌 그 아들과 함께 '모든 것'을 우리에게 주시지 아니하겠느냐"(롬 8:32)

야고보 사도는 이렇게 말합니다.

"온갖 좋은 은사와 온전한 선물이 다 위로부터 빛들의 아버지께로부터 내려오나니"(약 1:17)

하나님은 우리에게 필요한 모든 것을 주시는 하나님이십니다.

그래서 한 시인은 이런 시를 썼습니다.

하나님은 하늘을 만드셨다
줄 수 있도록
그리하여 하늘은 축복을 내린다

하나님은 태양을 만드셨다
줄 수 있도록
그리하여 태양은 따사로이 우리를 지킨다

하나님은 달을 만드셨다
줄 수 있도록
그래서 달은 우리가 가는 걸음을 은은히 비춰준다

하나님은 공기를 만드셨다
줄 수 있도록
그리하여 땅은 모든 열매를 제공한다

하나님은 인간을 만드셨다
줄 수 있도록
그러나 인간은…

시는 여기서 끝납니다. 사람만이 아직도 주는 것을 배우지 못하고 있습니다. 우리가 내 아집과 욕심과 이기심을 깨버리고 주는 것을 배울 때 창조주 하나님을 닮게 됩니다. 우리가 진실로 '주는 삶'을 배울 때 우리를 사랑하사 자신의 생명을 내어주신 구세주를 닮게 됩니다. 우리가 내어줄 때 우리가 믿고 섬기는 살아계신 하나님의 삶의 스타일을 닮게 됩니다.

제2차 세계대전 당시 한 미군 병사가 유럽의 거리를 걷다가 길 모퉁이에 있는 어떤 소년을 보았습니다. 피곤한 모습이었고 창백한 모습이었습니다. 그 병사는 이 소년에게 접근하여 이렇게 물었습니다.

"너 배고프니?"

소년은 대답이 없었습니다. 대답할 기력조차 없었는지 모릅니다. 그래서 그 병사는 이렇게 말했다고 합니다.

"대답해. 나는 네가 원하는 모든 것을 다 줄 수 있단 말이야. 나는 너에게 빵을 줄 수가 있어. 그리고 네가 원하는 껌도 줄 수가 있고, 네가 원하면 따뜻한 커피도 줄 수가 있지."

이때 소년이 이 미군 병사를 올려다보면서 이 병사의 생애에 잊을 수 없는 충격적인 질문을 하더랍니다.

"아저씨, 그러면 아저씨가 하나님이에요?"

그렇습니다. 하나님은 주시는 하나님이십니다. 우리가 진실로 주는 것을 배웠을 때, 그것이 우리가 하나님의 자녀임을 나타내게 될 것입니다. 성경은 주는 것이 받는 것보다 복이 있다고 말합니다. 왜냐하면 우리가 줄 때 주시는 하나님의 스타일을 닮기 때문입니다.

셋째로, 주님을 섬길 수 있기 때문입니다.

저는 한국 교인들의 신앙에 가장 커다란 혼란이 있다면 신앙의 수직적 차원과 수평적 차원을 전혀 별개의 것으로 인식하고 있는 소위 '이원론적 사고'라고 생각합니다. 우리가 예배를 드릴 때 어느 정도 하나님을 느낍니다. 찬양을 하고 기도를 하고 하나님을 부르면서 하나님을 느낍니다. 그러나 이웃과 대화하면서 얼마나 하나님을 느낍니까? 이웃을 상대하면서 거기서 얼마나 하나님을 발견합니까?

우리는 성탄절이 오면 동방박사에 대해 자주 이야기합니다. 우리는 그들이 세 명이라고 알고 있지만 전설에 따르면 네 명이라고 합니다. 그들은 함께 출발했습니다. 네 번째 박사는 자신의 가방에 의약품을 가득 집어넣었습니다. 사막을 지나다가 어떤 병자를 만났습니다. 그는 거의 죽기 직전에 있었습니다. 네 번째 박사는 그를 치료하기 시작했습니다. 쉽게 나을 것 같지 않았습니다. 며칠을 씨름했습니다. 시간이 지나가 네 번째 박사는 세 박사들에게 먼저 길을 출발하라고 말합니다. 며칠을 계속 씨름하니까 열이 사그라들면서 이 환자는 다시 소생하기 시작했습니다. 자신의 의약품을 사용했습니다. 그에게 식량을 나누어주기도 했습니다. 여러 날이 지나자 아무래도 친구인 세 박사를 따라잡기는 틀렸다고 생각했습니다. 탄생한 메시아를 만날 수 있는 가능성은 없다고 생각하여 그는 주저앉아 이런 슬픈 기도를 드립니다.

"메시아여, 나는 당신이 이 땅에 오신 그 놀라운 모습을 함께 보고 축하할 수가 없습니다."

그가 이 기도를 끝냈을 때 갑자기 자기가 치료하고 섬겼던 그 사람이 메시아의 모습으로 그 앞에 다가와 있는 것을 보게 되었습니다. 그가 바로 메시아였습니다.

이것은 성경이 강조하는 한 메시지를 우리에게 참으로 강렬하게 전달합니다.

"이 지극히 작은 자 하나에게 하지 아니한 것이 곧 내게 하지 아니한 것이니라"(마 25:45)

이름 모를 소자 한 사람을 향한 친절과 사랑의 접근이 바로 그리스도에게 한 것이라고 성경은 가르치고 있습니다. 왜 '주는 것'이 중요합니까? 바로 그것으로 우리가 하나님을 섬길 수 있기 때문입니다. 그래서 주님은 "주는 것이 받는 것보다 복이 있다"고 말씀하십니다.

어떻게 '주는 삶'을 살 수 있는가?

첫째 모본, 사도 바울

본문 35절을 보면 사도 바울 자신이 그 모본을 우리에게 보여주었습니다.

범사에 여러분에게 모본을 보여준 바(행 20:35)

그러면 사도 바울이 어떻게 모본을 보였습니까? 34절을 보십시오.

"여러분이 아는 바와 같이 이 손으로 나와 내 동행들이 쓰는 것을 충당하여"

바울 자신이 손수 그 주변의 사랑하는 이웃들의 구체적 필요를 공급했다는 말입니다. 사랑은 필요를 공급하는 것입니다. 사랑은 추상적인 언어가 아닙니다. 사랑은 단순한 느낌이 아닙니다. 사랑은 감정적으로 황홀한 어떤 사건이 아닙니다. 사랑은 이웃의 구체적인 필요를 공급할 수 있는 것이어야 합니다. 그러한 삶을 살기 위해서 바울은 어떻게 했습니까? 본문 33절을 보십시오.

"내가 아무의 은이나 금이나 의복을 탐하지 아니하였고"

'주는 삶'을 살기 위해서 자기 자신에 관한 한 철저한 절제와 금욕의 삶을 살았다는 말입니다. 남들에게 내어주기 위하여 바울은 철저한 절제와 극기의 삶을 살았습니다. 이것이 오늘 우리들의 삶의 모습이라고 고백할 수 있습니까?

요즘 저는 목사가 된 것이 잘한 일인가 못한 일인가 생각합니다. 한동안은 목사 하는 것이 신앙생활하는 데 훨씬 좋다고 생각했습니다. 늘 성경 읽고 기도할 수 있으니까 말입니다. 그러나 요즘 이런 생각을 합니다.

'주는 삶을 산다는 그리스도인의 가장 중요한 삶의 본질에서 볼 때, 목사로서 과연 그런 삶을 살 수가 있는가?'

한국의 목사는 특별히 '받아먹는' 데 익숙하기 때문에 문제입니다. 제가 요즘 '목사'인지 '먹사'인지 혼동이 됩니다. 저는 요즘 위기를 느끼고 있습니다. 뭔가 달라져야 합니다.

그러나 바울의 삶은 철저하게 내어주기 위하여, 이웃을 사랑하고 섬기기 위하여 자기 자신에 대해서는 내핍하고 절제하는 삶을 살았습니다. 바울이 이런 삶을 살 수 있었던 모본을 어디에서 배웠을까요?

둘째 모본, 예수 그리스도

바울의 내어주는 삶은 그리스도의 모본 때문에 가능했던 것입니다. 그는 주님을 보았습니다. 주님의 말씀에 귀를 기울였습니다.

"주 예수께서 친히 말씀하신 바 주는 것이 받는 것보다 복이 있다"

주께서는 이것을 말씀으로 가르치셨을 뿐만 아니라 주님 자신이 그런 삶을 사셨습니다.

인자가 온 것은 섬김을 받으려 함이 아니라 도리어 섬기려 하고 자기 목숨을 많은 사람의 대속물로 주려 함이니라(마 20:28)

예수님의 십자가 사건은 자기 자신을 내어주는 삶의 절정이었습니다.

바울은 그리스도의 삶을 고린도후서 8장 9절에서 이렇게 설명합니다.

"우리 주 예수 그리스도의 은혜를 너희가 알거니와 부요하신 이로서 너희를 위하여 가난하게 되심은 그의 가난함으로 말미암아 너희를 부요하게 하려 하심이라"

그리스도는 원래 부요한 분이셨습니다. 그분은 하늘과 땅의 만물을 주관할 수 있는 만물의 소유주셨습니다. 그분은 부요하셨습니다. 그러나 이 모든 것을 내어주셨습니다. 스스로를 비우고 이 땅에 오시사 생명까지 주셨습니다. 우리를 부요케 하기 위하여 스스로 가난을 취하셨습니다. 그러나 그분은 진실로 부요한 분이셨습니다. 예수님이야말로 줄 수 있었기 때문에 진실로 부요하신 분이 아닐까요? 줄 수 없는 자가 부자가 아닙니다.

참된 부요는 모으는 것에 있지 않습니다. 참된 부요는 소유에 있지 않습니다. 참된 부요는 주는 것에 있다는 사실을 우리는 기억해야 합니다. 이런 성경의 엄정한 가르침에 근거할 때 오늘 한국 그리스도인들의 삶의 모습은 분명히 바뀌어야 합니다. 우리도 모르게 세상의 가치관을 가지고 인생을 사는 때가 얼마나 많습니까? 받는 것이 생의 목표인 것처럼 착각하는 인생이 얼마나 많습니까?

우리 그리스도인들까지도 자기 자녀들을 가르치다가 이런 얘기를 쉽게 하는 것을 볼 수가 있습니다.

"야 이 놈아, 공부해. 공부해서 남 줘?"

배우는 것은 남에게 주기 위해서 배우는 것입니다. 맞습니다. 남에게 주기 위해서 배우는 것입니다. 우리가 배워서 그것으로 이웃들을 섬기고 역사를 섬기고 살아계신 하나님을 섬기기 위해서 배우는 것입니다. 사고가 바뀌어야 합니다.

제가 기독 실업인들 성경공부를 인도하는데, 한 번은 두 분이 얘기하는 것을 들었습니다. 작년 사업이 어땠냐고 물어본 모양입니다. 그러자 한 분이 이렇게 얘기했습니다.

"가까스로 직원들 월급 주고 말았지."

지나가다 그 얘기를 듣고 '뭔가 잘못 생각하고 있구나' 하고 여겼습니다. 직원들 월급 줄 수 있었다는 것은 큰 축복입니다. 나의 수고로 말미암아 직원들이 함께 먹고 함께 살 수가 있었다면 그것이 얼마나 큰 축복입니까? 내가 받은 축복을 함께 나눔으로 우리가 더불어 살고, 하나님의 영광을 위해서 살 수 있다는 사실이 얼마나 큰 보람입니까? 그러나 우리는 불행히도 이 '주는 것'을 배우는 삶에 실패하고 있는 것은 아닌지 여기 바울의 모본을 보시기 바랍니다. 아니 바울이 본받았던 주님의 모본을 보시기 바랍니다. 바울은 이렇게 말합니다.

내가 그리스도를 본받는 자가 된 것 같이 너희는 나를 본받는 자가 되라(고전 11:1)

바울이 본받기를 소원했던 예수 그리스도의 모본을 배우고 계십니까?

무엇을 줄 수가 있는가?

그렇다면 우리는 무엇을 줄 수가 있습니까? 줄 수 있는 모든 것을 주십시오. 바울은 그렇게 살았습니다. 준 것은 내 것입니다. 소유한 것이 내 것이 아닙니다. 소유해 놓고 세상 떠나면 그것은 다 낭비한 것입니다. 내가 준 것만 내 것입니다. 하나님의 뜻을 따라 준 것만 하늘에 보화를 쌓아 둔 것이고 진실로 내 것으로 소유된 가장 가치있는 것이라고 성경은 가르칩니다. 내가 줄 수 있는 모든 것을 주십시오. 사랑을 주십시오. 기쁨을 주십시오. 물질을 주십시오. 따뜻한 친절을 주십시오. 줄 수 있는 모든 것을 주십시오. 그러나 줄 수 있는 모든 것 가운데 무엇보다도 복음을 주십시오. 이웃들에게 복음을 나눠주십시오.

바울 사도의 일생을 정리하는 고백이 사도행전 20장 24절에 기록되어 있습니다.

내가 달려갈 길과 주 예수께 받은 사명 곧 하나님의 은혜의 복음을 증언하는 일을 마치려 함에는 나의 생명조차 조금도 귀한 것으로 여기지 아니하노라

바울은 자기가 이웃들에게 줄 수 있는 모든 것 가운데서 가장 중요한 것이 복음인 것을 확신했습니다. 이 은혜의 복음을 주기 위해서 자신의 생명도 아끼지 않겠다는 것입니다. 이웃들에게 다른 모든 것을 주고도 복음을 주지 않았다면 가장 좋은 것을 아직도 주지 않은 것입니다. 왜냐하면 복음만이 인간을 구원할 수 있음을 믿기 때문입니다.

"내가 복음을 부끄러워하지 아니하노니 이 복음은 모든 믿는 자에게 구원을 주시는 하나님의 능력이 됨이라"(롬 1:16)

그렇다면 우리는 왜 이 복음 주기를 주저합니까? 나를 위해 죽으시고 부활하심으로 나의 생명 그리고 나의 구원이 되신 예수 그리스도의 복음을 전하는 일보다 더 소중한 것은 바울에게 없었습니다. 이 복음을 주기 위해서 바울은 자기 자신도 함께 주었다는 사실을 잊지 마십시오. 복음만 준 것이 아닙니다. 오늘 이 땅에서 그리스도인들이 복음을 전하면서도 복음이 사람들의 생애를 바꾸는 그리고 사회를 변화시키는 능력을 갖지 못하는 원인이 어디에 있습니까? 한국 교인들이 복음과 삶을 분리하기 때문에 그런 것 같습니다. 복음과 함께 삶을 주어야 합니다. 정말 생명보다 더 필요한 복음이 내 이웃들에게 필요하다면, 복음과 함께 '나'라는 존재

를 이웃들에게 기쁘게 바치고 있습니까?

바울 사도의 복음 전도 자세를 투명하게 보여주는 구절 하나가 있습니다. 데살로니가전서 2장 8절입니다. 바울은 여기서 그가 어떤 심정으로 데살로니가 사람들에게 복음을 전했는가를 고백하고 있습니다.

"우리가 이같이 너희를 사모하여 하나님의 복음뿐 아니라 우리의 목숨까지도 너희에게 주기를 기뻐함은 너희가 우리의 사랑하는 자 됨이라"

사랑하는 사람을 위해서 복음을 전합니다. 복음만 아니라 목숨까지 기쁘게 주겠다고 합니다. 그런데 우리는 복음만 주려고 합니다.

"예수 믿으십시오. 교회 나오십시오. 그러나 나는 건드리지 마십시오."

우리의 복음이 능력을 잃어버리고, 우리의 복음이 사람의 삶을 바꾸는 힘을 잃어버린 원인이 여기에 있습니다. 우리가 정말 주는 삶을 살기 원합니까? 그리고 이 세상 무엇보다 가장 소중한 것이 복음이라고 확신합니까? 복음과 함께 이웃들에게 자신의 삶을 던지기 바랍니다. 하나님은 우리 자신을 요구하십니다. 이웃들도 복음 못지않게 나 자신의 애정을 요구하고 있지 않습니까?

인디언들에게 전도를 하는 선교사 한 분이 계셨습니다. 그 인디언 한 부족의 추장이 예수를 믿게 되었습니다. 그가 예수 믿고 나니까 그 마음속에 너무나 큰 희열이 있었습니다. 감사한 마음이 넘쳐나 자기에게 복음을 전해 준 선교사에게 선물을 주려고 찾아갔습니다. 그런데 무슨 선물을 가지고 갔느냐 하면 사슴 가죽이었습니다. 그런데 선교사가 사슴 가죽을 보니까 참으로 황당했습니다. 그것을 가지고 무엇을 해야 할지 몰랐습니다. 그래서 농담 삼아서 이런 말을 했다고 합니다.

"너무 고맙지만 하나님은 이 사슴 가죽을 쓰실 수가 없을 것 같은데요."

이 말을 듣고서 인디언 추장이 고민을 하면서 가더랍니다. 그렇지만 얼마 후에 다른 것을 가지고 왔습니다. 이번에는 백마를 가지고 왔습니다.

"하나님과 선교사님에게 감사의 표시로 이 백마를 드리겠습니다."

백마를 어디에 쓰든 너무 과한 선물이라 생각되어 선교사님은 이렇게 대답했습니다.

"하나님은 그 백마도 필요 없을 것 같습니다."

그 추장이 그다음에는 동물 뼈로 만든 머리 장식을 가지고 왔습니다. 이것은 본래 추장의 권위와 명예를 상징하기 위해 인디언 추장의 머리에 꽂는 장식이었습니다.

"하나님과 선교사님에게 이 장식을 드립니다."

"그것 갖다가 어디에 쓰겠어요? 하나님은 그것도 받을 수가 없습니다."

그러자 인디언 추장이 버럭 화를 내면서 이렇게 말했습니다.

"그러면 무엇을 받는단 말입니까? 나는 아무것도 없습니다. 이제 나밖에 없습니다."

그때 선교사는 이렇게 말했습니다.

"맞습니다. 하나님은 당신을 원하십니다. 그 무엇보다 당신 자신을 원하십니다."

하나님이 우리에게 그 무엇보다 요구하는 것이 있다면 바로 우리 자신입니다.

우리를 구원하기 위해서 자기 자신을 내어주셨던 예수 그리스도, 그 사랑에 빚진 자임을 깨닫고 이웃들에게 이 사랑을 증거하고 복음 전하기를 원합니까? 그렇다면 이 복음과 함께 이웃들에게 당신 자신을 내어줄 수가 있습니까?

한 그리스도인 시인은 짤막하지만 이런 감동적인 시를 지었습니다.

노래는 불려질 때까지는 노래가 아니다
종은 울려질 때까지는 종이 아니다
사랑은 자신을 내어줄 때까지는 사랑이 아니다.

주께서 자신을 내어주셨기에 내가 그 사랑 안에서 새롭게 태어날 수 있었다는 사실을 깨닫고 이 복음과 사랑을 이웃들에게 전해 주기 원하십니까? 그러면 이 복음과 함께 자신을 이웃들에게 내어줄 준비가 되어 있습니까? 주께서 말씀하십니다.

"주는 것이 받는 것보다 복이 있다"

10

참된 축복

마태복음 5장 1-12절

[1]예수께서 무리를 보시고 산에 올라가 앉으시니 제자들이 나아온지라 [2]입을 열어 가르쳐 이르시되 [3]심령이 가난한 자는 복이 있나니 천국이 그들의 것임이요 [4]애통하는 자는 복이 있나니 그들이 위로를 받을 것임이요 [5]온유한 자는 복이 있나니 그들이 땅을 기업으로 받을 것임이요 [6]의에 주리고 목마른 자는 복이 있나니 그들이 배부를 것임이요 [7]긍휼히 여기는 자는 복이 있나니 그들이 긍휼히 여김을 받을 것임이요 [8]마음이 청결한 자는 복이 있나니 그들이 하나님을 볼 것임이요 [9]화평하게 하는 자는 복이 있나니 그들이 하나님의 아들이라 일컬음을 받을 것임이요 [10]의를 위하여 박해를 받은 자는 복이 있나니 천국이 그들의 것임이라 [11]나로 말미암아 너희를 욕하고 박해하고 거짓으로 너희를 거슬러 모든 악한 말을 할 때에는 너희에게 복이 있나니 [12]기뻐하고 즐거워하라 하늘에서 너희의 상이 큼이라 너희 전에 있던 선지자들도 이같이 박해하였느니라

《적극적 사고방식》이라는 책을 저술해서 전 세계에 널리 알려진 노먼 빈센트 필(Norman Vincent Peale) 박사님이란 분이 계십니다. 그분이 한 번은 기차 여행 중에 열차 식당에 들어갔습니다. 옆 좌석에 초로(初老)의 부부가 앉아서 같이 식사를 나누는데 그 부인이 식사하면서 계속 불평하는 소리가 옆자리에 앉아 있던 빈센트 필 박사의 귓전에 들렸습니다. 야채가 신선하지 않다부터 시작해서 이 식당은 고기가 너무 오래된 것 같다, 포도가 너무 시다, 나중에는 날씨가 너무 나쁘다, 괜히 여행을 왔다, 이런 불평하는 소리가 계속 들려왔습니다. 그 옆에 앉아있던 남편이 미안하게 생각했던지 필 박사를 향해서 이렇게 말하더랍니다.

"선생님 참 죄송합니다. 이해해 주십시오. 제 아내 직업이 그래서 그렇습니다."

필 박사는 이상한 호기심이 발동했습니다.
"대체 부인의 직업이 무엇입니까?"
남편은 "제 처는 제조업에 종사합니다"라고 대답했습니다.
제조업이라면 무엇을 만드는 창조적 직업인데 제조업과 이 부인의 불평하는 삶의 스타일이 어울리지 않는 것 같아서 계속 질문했습니다.

"죄송합니다마는 부인은 무엇을 제조하십니까?"

남편은 이렇게 대답했습니다.

"이 사람은 불행을 제조하고 있습니다."

이 에피소드는 인간의 불행이 불행한 환경 때문에 생겨나는 것이 아니라 많은 경우 사람들 스스로 불행을 만들고 있다는 교훈을 주고 있습니다. 또한 행복한 사람은 행복한 환경 때문에 행복한 것이 아니라 행복을 만드는 삶을 살기 때문에 행복할 수가 있는 것입니다. 그런 의미에서 성경은 행복을 정의할 때 그것이 밖에서 우연히 굴러들어오는 행복이 아니라 행복은 스스로 그런 삶을 추구하는 사람에게 주어지는 것이라고 가르칩니다.

산상수훈의 팔복에서 '복이 있다' 했을 때 '복'이라는 말은 우연히 우리에게 굴러들어온 복을 뜻하는 행복(幸福)이란 단어로 번역하기 보다 '축복'(祝福)이라는 단어로 번역하는 것이 성경의 본래 의미에 더 맞습니다. 어떤 영어 역본에는 happiness 혹은 happy라는 단어가 사용되기도 합니다마는 더 많은 역본들에는 blessed 혹은 blessing이라는 단어로 번역되고 있습니다. 왜 이 happiness라는 단어를 피하고 있느냐 하면 이 단어가 '우연히 발생하다'라는 뜻인 happen에서 유래했기 때문입니다. 그래서 happiness는 복의 우연성과 개연성을 뜻할 수가 있습니다. 그러므로 happiness보다는 blessing이라는 단어를 쓰는 것이 원래의 의미에 더 가깝습니다.

그렇다면 성경이 가르치는 참된 축복은 도대체 어떤 것일까요? 이 팔복의 메시지가 정의하는 진정한 축복을 몇 가지로 정리하도록 하겠습니다.

▍참된 축복은 하나님과의 바른 관계를 통해서만 올 수 있다

우리가 본문을 읽어보면 이런 순서로 되어 있습니다.

"심령이 가난한 자는 복이 있나니, 애통하는 자는 복이 있나니"

그러나 이것을 원문 그대로 읽어보면 '복이 있나니'라는 말이 먼저 나옵니다.

"복이 있도다 심령이 가난한 자여. 복이 있도다 애통하는 자여. 복이 있도다 온유한 자여."

원문에는 이런 순서로 되어 있습니다.

이미 말씀드린 대로 이것은 우연한 '행운'보다는 하나님 마음에 합한 사람에게 내려주는 '축복'(blessing)이라는 단어로 번역하는 것이 좋습니다. 그런데 blessing이라는 단어는 원래 '피를 흘리다'라는 뜻의 영어 단어 bleed에서 유래한 것입니다. 피의 제사를 통한 신과 인간의 올바른 관계를 전제한 단어가 '축복'입니다.

'축복은 하나님과의 올바른 관계, 합당한 관계를 통해서만 주어지는 것이다'라는 의미를 담고 있습니다.

그렇다면 불행이란 무엇일까요? 하나님과의 그릇된 관계 때문에 온 것입니다. 예수님은 왜 오셨습니까? 인간의 범죄는 하나님과의 관계를 왜곡시키고 말았습니다. 그리하여 인간은 하나님의 저주와 심판을 피할 수 없는 존재가 되고 말았습니다. 그런데 예수 그리스도는 하나님과 인간 사이의 중보자로 오셨습니다. 그분의 십자가의 죽으심은 자신의 생명을 화목 제물로 내어주신 것입니다. 우리가 예수 그리스도를 구세주와 주님으로 영접하고 그분을 나의 주님으로 신뢰하는 순간 우리는 하나님과 화평케 됩니다. 하나님과 바른 관계를 맺게 됩니다. 하나님과 바른 관계를 맺은 사람들은 하나님의 시선으로 자신을 바라보고, 하나님의 안목으로 인생을 바라봅니다. 그들에게 약속된 것이 '축복'입니다. 하나님의 관점에서 삶을 바라보고 사는 사람들에게 하나님은 축복을 약속하십니다.

"심령이 가난한 자"는 하나님의 관점에서 자신을 바라보는 사람입니다. 하나님의 눈으로 나를 바라보면 그 마음이 겸손하고 가난해질 수밖에 없습니다.

"애통하는 자"는 하나님의 눈으로 자신의 죄를 바라보는 사람입니다. 이런 사람은 상한 마음으로 깨질 수밖에 없습니다. 이것은 하나님의 관점으로 자신을 바라본 사람의 모습입니다.

"온유한 자"는 하나님의 다스리심 앞에 자신을 복종시킨 사람의 모습입니다.

"의에 주리고 목마른 자"는 의의 근원 되신 하나님을 참으로 사모하는 사람, 이것이 바로 의에 주리고 목말라 하는 자의 모습입니다.

"긍휼히 여기는 자"는 나의 죄와 허물에도 불구하고 나를 있는 모습 그대로 받아주신 하나님의 시선으로 내 이웃을 바라보는 자입니다. 이웃의 실수와 잘못에도 불구하고 그를 정죄하고 비판하기보다 그 이웃을 불쌍히 여길 수가 있습니다.

"마음이 청결한 자"는 하나님의 뜻 앞에 자신을 온전히 드린 사람이 소유할 수 있는 인격의 모습입니다.

"화평하게 하는 자"는 하나님의 화목의 메시지를 받아들이고 그것을 증거하는 사람입니다.

"의를 위하여 박해를 받은 자"는 그들이 추구하는 의 때문에, 하나님 편에 서 있다는 사실 때문에 피치 못하게 핍박을 받는 자를 말합니다.

그렇다면 산상수훈이 강조하는 복된 사람은 한마디로 어떤 사람입니까? 하나님과 연대화된 사람, 하나님께 속해있는 사람이 복된 사람인 것입니다.

신약성경에서 하나님을 표현할 때 하나님의 뚜렷한 특성 가운데 하나는 '복되신 하나님'입니다. 예컨대 디모데전서 6장 15절을 보십시오. 따라서 복되신 하나님께 속한 사람 역시 복될 수밖에 없습니다. 반대로, 복되신 하나님을 떠나면 인생은 불행해질 수밖에 없습니다. 인생의 불행은 하나님을 떠난 사람의 방황의 모습입니다.

현대 심리학자들은 이렇게 말합니다.

"사람들이 일생을 살면서 가장 필요로 하는 세 가지가 있다. 이것이 충족되지 않으면 사람은 그의 모든 삶에서 불행할 수밖에 없다.”

　그들이 말하는 세 가지 필요 중 첫째는 〈인정의 필요〉입니다. 누구나 다 인정받고 싶어합니다. 사람들은 인정받지 못해서 고독하고 불행해집니다. 두 번째는 〈안전의 필요〉입니다. 내 안전의 욕구가 채워지지 않을 때 인생은 불안하고 두렵습니다. 세 번째는 〈소속의 필요〉입니다. 내가 어디에 소속이 되어 있지 않으면 불안합니다. 그래서 사람들은 어떤 단체에 소속합니다. 혹은 그 소속의 필요 때문에 어떤 사람을 만나고 그에게 의지하려고 합니다. 그러나 내가 어떤 단체에 소속한다고 소속의 필요가 채워지지 않습니다. 내가 단순히 어떤 이성을 만났다는 사실 때문에 그 필요가 채워지지 않습니다. 그래도 인간의 마음속에는 여전히 비어 있는 부분이 있습니다. 이 비어 있는 허무의 공간, 이것은 궁극적으로 하나님께 속하고 싶어하는 열망인 것입니다. 그래서 지나간 세기의 한 설교자는 “인간의 마음속에는 하나님을 향한 공간이 있다”고 말했습니다. 하나님께 돌아가지 않고는, 하나님을 만나지 않고는 하나님으로 채워지지 않고는 끊임없이 공허한 우리 마음속의 공간이 있습니다.

　행복이란 무엇입니까? 그것은 예수 그리스도 앞에 나와 그분을 나의 구세주와 주님으로 영접하고 그분을 의지하는데서 출발합니다. 나의 창조자이신 하나님, 그분을 부르고 그분을 사랑하며 그분을 의지할 때 펼쳐지는 축복을 한번 생각해 보십시오. 이제 나는 하나님께 속한 것입니다. 참된 축복은 무엇일까요? 이 참된 축복은 하나님과의 바른 관계 없이는 누릴 수 없습니다. 진정한 축복은 하나님과의 바른 관계에서만 비로소 이루어질 수 있는 것입니다.

그렇다면 우리는 이러한 축복을 구하고 있습니까? 하나님께 돌아오시기 바랍니다. 하나님을 의지하시기 바랍니다. 그리고 살아계신 창조주 하나님을 바라보십시오. 그분을 신뢰하십시오. 그분을 의지하십시오. 그리고 우리의 생애에 펼쳐 주시는 주의 축복을 누리시기 바랍니다.

▍참된 축복은 예수 그리스도를 닮아가는 것이다

이것이 산상수훈의 팔복이 가르치고 있는 교훈입니다. 참된 축복은 예수 그리스도를 닮아가는 것입니다. 축복은 인격에 있는 것입니다. 축복은 결코 소유에 있지 않습니다. 그러나 현대인들은 아직도 착각하고 있습니다.

'내가 조금만 돈을 더 벌면 행복하지 않을까.'

'내가 지식을 조금만 더 가지면 행복하지 않을까.'

'내가 좀 더 명예를 가지면 행복하지 않을까.'

그러나 인간은 돈을 가져도 지식을 가져도 명예를 가져도 여전히 목말라 합니다. 축복은 소유에 있지 않습니다. 축복은 인격에 있습니다. 이것이 팔복의 메시지입니다. 이 팔복이 지향하는 궁극적인 것은 인격적인 것입니다. 우리의 삶이 이 인격에 초점을 맞추지 못하고 단순한 소유에 초점을 맞출 때 우리의 삶은 많은 소유에도 불구하고 여전히 불행한 삶이 되고 말 것입니다.

이런 이야기가 있습니다. 아주 게으름뱅이 청년이 있었습니다. 늘 놀고 먹었습니다. 그래서 아버지가 너무 걱정이 되어서 자기 아들에게 이렇게 말했습니다.

"얘야, 열심히 일해라."

"왜요 아버지?"

"열심히 일해야 돈을 벌지."

"돈 벌어서 뭘 해요?"

"그래야 집을 살 수가 있지 않겠니."

"집을 사서 뭘 해요?"

"그래야 색시도 데려오고 장가들 수 있지 않겠니."

"장가들어서 뭘 해요?"

"그래야 네가 편안히 놀고 살 수가 있지 않겠니."

"그러면 지금이나 마찬가지네요?"

우리는 우리 자녀들에게 끊임없이 "열심히 일하라", "열심히 공부하라"고 닦달합니다. 무엇을 위해서 열심히 일하고 공부해야 합니까? 우리 자녀들에게 그것을 위해서 살 수 있는, 그것을 위해서 인생을 던질 수 있는, 그것을 위해서 자기 청춘을 던질 수 있는, 그것을 위해서 끓는 피를 바칠 수 있는 궁극적인 목표를 제시하고 있습니까? 어떤 목표를 위해서 살라고 가르칩니까? 그리스도인의 삶의 목표는 무엇입니까? 성경이 가르치고 있는 그리스도인의 지상의 삶의 목표, 구원받은 모든 사람들에게 성경이 강조하는 한 목표가 있다면 그것은 나를 구원하신 예수 그리스도를 닮아가는 것입니다.

"우리가 알거니와 하나님을 사랑하는 자 곧 그의 뜻대로 부르심을 입은 자들에게는 모든 것이 합력하여 선(善)을 이루느니라"(롬 8:28)

그 선이 무엇입니까? '모든 것은 합력해서 저절로 잘될 것이다'하는 막연한 의미의 선이 아닙니다. 그다음 절을 보면 "하나님이 미리 아신 자들을 또한 그 아들의 형상을 본받게 하기 위하여 미리 정하셨으니"라고 했습니다. 그리스도인의 일생에서 일어나는 모든 사건을 통해서 하나님은 한 가지 목표를 향해서 우리를 이끌고 가십니다. 우리를 구원하신 하나님의 아들이신 그리스도를 닮아가도록 하시는 것이 그 목표입니다. 인생에서 만나는 어떤 사건을 통해서 얻은 뼈아픈 상처와 손실, 이것들을 통해서 하나님은 끊임없이 나를 가르치십니다. 나를 만드십니다. 나를 깎습니다. 나를 빚고 계십니다. 내가 사랑하는 주님, 그 빛나고 놀라우신 그리스도를 닮아갈 수 있도록, 그래서 인생이 끝나고 주님 앞에 서는 그날, 그 주님을 황홀하게 닮아 있는 내 모습을 하나님 앞에 드리게 하시기 위해서입니다.

그렇다면 우리는 자신의 삶의 목표를 어디에 두어야 하겠습니까? 단순한 소유나 성공이 아니라 나를 구원하신 그리스도를 닮아가는 인생, 이 인생을 구하시기 바랍니다.

이 팔복의 축복은 본질적으로 인격적인 것입니다. 심령이 가난한 자, 애통하는 자, 온유한 자…. 다 인격이 중심입니다. 인격적인 축복입니다. 그리고 이 인격은 궁극적으로 한 인격을 지향하고 있습니다. 가장 심령이 가난했던 분은 누구입니까? 예수님입니다. 그리고 정말 애통하셨던 분이 누구입니까? 물론 예수님은 자신의 죄 때문에 애통할 일은 없었습니다. 그러나 사람들의 죄를 바라보며, 예루살렘 도성에 가득한 죄악을 바라보면서 눈물을 흘리셨던 그분은 참으로 애통하셨던 분입니다.

참으로 온유하셨던 분은 누구입니까? 그분은 제자들에게 이렇게 말씀하신 분입니다.

나는 마음이 온유하고 겸손하니 나의 멍에를 메고 내게 배우라(마 11:29)

예수님은 시간이 없어서 이 두 가지만 대표적으로 언급하셨지 시간이 많았으면 "나는 마음이 겸손하고, 나는 마음이 애통하고, 나는 마음이 온유하고, 나는 마음이 의에 주리고 목말라 하고, 나는 마음이 청결하고, 나는 마음이 화평하고, 의를 위해 핍박을 받는 자니라"고 말씀하셨을 것입니다.

이 모든 축복은 본질적으로 예수 그리스도 한 분의 인격을 지향하고 있습니다. 그 그리스도를 닮아가기 바랍니다. 이것을 생의 목표로 삼기 바랍니다. 그리고 우리 자녀에게도 그렇게 가르치기 바랍니다. 우리 시대의 최대의 비극이 있다면, 우리 사회가 일치단결하여 산업화로만 치닫고 있다는 것입니다. 우리 사회에서는 훌륭한 어떤 일을 할 수 있는 기능인을 성공한 사람으로 인정하고 있습니다. 그것이 현대의 시대적인 특성입니다. 물론 기능이 뛰어나다는 것은 나쁜 것이 아닙니다. 그러나 우리 사회는 너무 기능만 강조하면서 '인격'을 간과하는 우(愚)를 범했습니다. 존경

받을 수 있는 사람을 상실했습니다. 옛날 사람들에게 물어보면 항상 존경할 수 있는 사람들이 있었습니다. 오늘 우리 시대에는 그런 사람이 없습니다. 직장에 가도 존경할 만한 사람이 없습니다. 학교에 가도 존경할 만한 스승이 없습니다. 가정에 가도 존경할 만한 부모가 없습니다. "나는 우리 아버지를 존경합니다"하는 자녀가 없습니다. 우리 시대는 역할 모본을 상실했습니다. 본받을 수 있는 대상을 상실한 것이 오늘 우리 시대의 비극입니다.

바울 사도는 고린도 교회 성도들을 향해서 이렇게 말할 수가 있었습니다. "너희는 나를 본받는 자가 되라"

저는 이 말씀을 볼 때마다 너무너무 기가 죽습니다. 사실은 제가 이 구절을 전체적으로 인용한 것은 아닙니다. 정확하게 인용하면 이렇습니다.

내가 그리스도를 본받는 자가 된 것 같이 너희는 나를 본받는 자가 되라(고전 11:1)

우리가 그래도 최소한의 어떤 열망, '내가 예수 그리스도를 닮은 모습으로 주 앞에 서야겠다'고 해서 말씀을 보고 말씀대로 살고자 애쓰고 그래서 무릎 꿇어 기도하는 사람이라면, 내 사랑하는 자녀들에게 이렇게 말할 수가 있을 것입니다.

"사랑하는 자녀들아, 내가 예수 그리스도를 본받고자 애쓰는 것처럼 너희도 그리스도를 본받게 되기를 원한다. 내가 완전하지는 않다. 이 아빠 엄마에게도 결함은 많다. 그럼에도 불구하고 내가 그리스도를 본받고자

애쓰는 것처럼 사랑하는 자녀들아, 너희도 그리스도를 본받는 것을 삶의
목표로 삼기 바란다."

이렇게 말할 수 있는 가정, 이 복된 가정이 우리의 가정이 되기를 바랍
니다. 왜냐하면 참된 축복은 예수 그리스도를 닮아감에 있기 때문입니다.
인격적인 성숙이 우리 삶의 모습이 되게 하십시오. 이런 가정에 축복이
있을 것입니다.

참된 축복은 이웃에게
축복이 되어 주는 삶에 있다

현대인들의 행복관은 지극히 이기적입니다. 그리고 자기중심적일 수밖
에 없습니다. 그러나 산상수훈의 팔복에 나타난 예수 그리스도의 행복관
을 분석해 보십시오. 이 행복관은 철저하게 하나님 중심적이고 이웃 중심
적입니다. 우리가 팔복이 말하는 인격으로 성숙해 가면 우리는 자연히 이
웃을 향해 열려 있는 삶을 살게 됩니다.

"마음이 가난한 자"는 교만한 사람이 아닙니다. 이웃이 쉽게 접근할 수
있습니다.

"애통하는 자"는 늘 자신의 부족 때문에 울고 있는 사람입니다. 자신을
깨는 사람입니다. 그래서 이웃 앞에 항상 겸허할 수 있습니다.

"온유한 자"는 하나님을 신뢰하기 때문에 이웃에게 쉽게 양보할 수 있
습니다.

"의에 주리고 목말라 하는 자"는 자신의 삶 속에서 의를 구할 뿐만 아니라 자기 이웃들의 삶 속에도 그 의가 세워지기를 위하여 이웃을 돕는 자로 접근할 것입니다.

"긍휼히 여기는 자"는 이웃의 연약함이나 허물을 비판하지 않고 그를 이해하려 애씁니다. 이런 사람 주변에는 항상 친구가 있습니다.

"마음이 청결한 자"는 욕심이 없습니다. 따라서 사람들은 그를 존경하고 좋아할 수밖에 없습니다.

"화평하게 하는 자"는 늘 이웃과의 화목을 추구합니다. 그에게는 넉넉하고 아름다운 우정이 있게 마련입니다.

"의를 위해서 박해를 받은 자"는 참으로 의가 이 땅에 세워지기를 원하기 때문에 자기 편리와 자기의 주요한 가치관을 희생할 수 있습니다. 자기희생을 감수하면서도 하나님의 의가 세워지기를 요구하는 사람, 이웃들은 이런 사람을 따르고 싶어할 것입니다. 그들에게는 넉넉한 인간관계가 있고, 그들의 인간관계는 의미 있는 관계로 채워져 있습니다.

예수님 당시 행복에 대해 두 가지 대표적인 관점이 있었습니다. 하나는 그 당시 문화를 지배하고 있던 헬레니즘의 행복관이고 다른 하나는 구약성경을 근간으로 하는 헤브라이즘의 행복관입니다. 두 행복관은 대조적이었습니다. 헬라 사람들은 언제나 행복을 자기 자신 안에서 찾고 있었습니다. 자기 내면에서 행복을 찾고 있었습니다. 자기 자신의 내면을 깊이 들여다보셨습니까? 그러나 내 안을 들여다볼수록 나는 거기서 허무와 불안과 절망을 발견합니다. 행복을 찾고자 했지만 내 안에 행복은 있지 않았습니다.

그러나 히브리 사람들의 행복관은 달랐습니다. 히브리 사람들은 언제나 관계 속에서 행복을 찾았습니다. 나는 이웃과의 관계에서 삶을 살도록 지음을 받았습니다. 나를 분석한다고 나를 알 수가 없습니다. 그런데 내가 사랑할 수 있는 이웃, 내가 섬길 수 있는 이웃을 만나면서 나를 발견합니다. 이웃을 사랑하면 자기 자신을 사랑할 수 있습니다. 이웃을 기쁘게 하고자 하면 자기 자신을 기쁘게 할 수 있습니다. 이런 생각을 정리해서 현대인들에게 큰 영향을 끼친 책 가운데 유대인 철학자 마르틴 부버(Martin Buber)가 쓴 《나와 너》(대한기독교서회)라는 책이 있습니다.

너를 발견할 때 나를 발견할 수가 있습니다. 너를 사랑할 때 나를 사랑할 수가 있습니다. 내 속에서 내가 발견되는 것이 아니고 내가 어떤 존재인지 아무리 궁리해도 모릅니다. 그러나 내가 정말 사랑할 수 있는 사람을 만나면 그분을 통해서 나를 발견할 수가 있습니다. 이웃을 섬기면 내 삶의 진정한 의미가 충족될 수가 있습니다.

사람은 이웃과의 바른 관계 속에서만 참된 행복을 발견할 수가 있습니다. 영국 속담에 이런 재미있는 속담이 있습니다.

"하루 동안 행복하기 원하면 이발을 하라. 한 주간 행복하기 원하면 여행을 떠나라. 한 달 동안 행복하기 원하면 새로운 집을 사라. 한 해 동안 행복하기 원하면 결혼을 하라."

이 속담은 마지막 절정에서 이렇게 되어 있습니다.

"일생 동안 행복하기 원하면 이웃을 섬기는 자가 되라."

무엇인가를 소유할 때가 아니라 이웃을 참으로 섬길 수 있을 때 거기에 놀라운 행복이 있습니다. 사람들이 이것을 너무 모릅니다.

하와이의 나환자(한센병 환자) 섬인 몰로카이(Molokai) 섬에서 일생을 보낸 다미안(Damien)의 이야기를 아십니까? 그는 젊은 청년 시절에 이 나환자들에게 희망의 복음을 전하고 그들의 삶을 바꾸기 위해서 그 땅에 갔습니다. 그런데 아무도 이 사람을 받아주지 않았습니다. 마침내 젊은 다미안은 엎드려 기도하기 시작했습니다.

"하나님, 저를 나병환자로 만들어 주십시오. 그래야 이 사람들과 말이 통할 것 같습니다."

하나님은 그의 기도에 응답하셨고 그의 몸에는 나병이 발생하기 시작했습니다. 그의 몸은 짓무르기 시작했고 팔과 다리는 하나씩 떨어져 나가기 시작했습니다. 젊은 시절의 다미안의 아름다운 모습과 늙어서 온몸이 이지러지고 찢어져 피고름이 흐르고 있는 다미안의 모습이 담긴 두 사진을 본 사람이라면 목석이 아닌 이상 감동을 받지 않을 수가 없을 것입니다. 그런데 나병환자가 된 다미안이 남은 생애를 그 섬에서 보내고 그를 통해서 변화된 수많은 사람을 뒤로 한 채 그의 생을 마무리 짓는 최후의 순간에 했던 마지막 고백이 무엇인지 아십니까?

"오 하나님, 나에게 이 행복한 삶을 주신 것을 감사합니다."

우리의 행복관을 바꿔야 합니다. 축적하는 데 행복이 있는 것이 아니라 나누어주는 데 행복이 있습니다. 참으로 고귀하고 바람직한 삶의 목표를 향하여 자신을 던질 때 거기서 누릴 수 있는 지고(至高)의 행복, 이 행복을 아십니까? 여기 참된 행복이 있는 것입니다.

어떻게 이런 행복한 삶을 살 수가 있을까요? 어떻게 행복한 사람이 될 수가 있을까요?

결론적으로 말씀드리면, 자연인은 이런 행복을 원하지 않습니다. 우리는 겸손하기보다 교만을 원하고, 우리는 온유한 인생을 추구하기보다는 고집스러운 삶을 살고 싶어합니다. 우리는 자신을 깨뜨리는 애통함보다는 자신을 주장하는 삶을 살고 싶어합니다. 우리는 의로움보다는 불의를 원하고 청결보다는 욕망을 더욱 소원합니다. 우리는 화평을 원하기보다 때때로 복수를 원하고 싸움을 원합니다. 죄인은 그것을 원합니다. 어떻게 하면 주님이 가르치신 이런 행복을 추구하는 사람이 될 수가 있을까요? 결론은 하나밖에 없습니다. 거듭나야만 합니다. 성령이 내게 오시고 거듭날 때만 주께서 원하시는 이 복을 구할 수가 있습니다. 그리고 마침내 그런 사람이 누리기 시작하는 이 복은 일시적인 행복이 아니라 영원한 행복입니다. 이것은 감각적인 행복이 아니라 진실한 복입니다. 이것은 영원할 수 있는 복입니다. 우리는 이런 영원한 복을 구하고 있습니까? 그리고 영원한 복을 누리고 있습니까?

내가 삶을 다했을 때 주님이 인정할 수 있는 영원한 축복, 다미안처럼 내 생(生)을 마무리 짓는 마지막 순간에 "하나님, 진실로 내 생애는 행복이었습니다"라고 말할 수 있으면 얼마나 좋겠습니까! 이런 영원한 행복으로 내 삶을 결산할 수 있을까요? 그리고 이 행복을 붙든 사람들은 우리 사랑하는 자녀들에게 이렇게 말할 수 있을 것입니다.

"사랑하는 자녀들아, 이 진실하고도 영원한 행복을 너희도 추구하기 바란다."

감각적이고 일시적인, 오늘 있다가 내일 없어질 복을 추구하는 인생이 아니라 영원한 복을 추구하는 인생, 그리하여 주께서 가르치신 그대로 복의 근원인 삶을 추구하는 인생이 되시기를 바랍니다.

11

축복이 되는 존재

마태복음 5장 13-16절
¹³너희는 세상의 소금이니 소금이 만일 그 맛을 잃으면 무엇으로 짜게 하리요 후에는 아무 쓸 데 없어 다만 밖에 버려져 사람에게 밟힐 뿐이니라 ¹⁴너희는 세상의 빛이라 산 위에 있는 동네가 숨겨지지 못할 것이요 ¹⁵사람이 등불을 켜서 말 아래에 두지 아니하고 등경 위에 두나니 이러므로 집 안 모든 사람에게 비치느니라 ¹⁶이같이 너희 빛이 사람 앞에 비치게 하여 그들로 너희 착한 행실을 보고 하늘에 계신 너희 아버지께 영광을 돌리게 하라

앞을 못 보는 맹인 한 분이 매일 황혼 무렵이 되면 늘 등을 가지고 마을의 거리로 나섰다고 합니다. 사람들이 "당신은 앞을 보지 못하는데 왜 등을 가지고 나가십니까?" 하면 그는 이런 대답을 했다고 합니다.

"나를 위해서가 아니고 동네 사람들이 이 빛을 보면 도움이 되지 않겠습니까?"

그동안 우리는 복된 사람이 어떤 사람인가를 살펴봤습니다. 복된 사람의 인격을 생각해 보았습니다. 그러나 예수님은 거기서 멈추지 않고 이 복된 사람이 미칠 수 있는 영향, 즉 그들의 기능에 대해서 계속해서 가르치십니다.

너희는 세상의 소금이니 … 너희는 세상의 빛이라 (마 5:13-14)

원문에서 강조된 단어는 '너희'입니다. '너희들만이' 세상의 소금이다. '너희들만이' 세상의 빛이다. 이것은 "이 세상에서 그들이 빛과 소금이 되지 못한다면 어떻게 되겠는가?" 하는 말씀입니다. 그들이 있음으로 세상이 경험할 수 있는 축복, 즉 그리스도인의 '축복된 존재로서의 역할'에 대한 증언이라고 할 수 있습니다. 그리스도인, 그들은 누구입니까? 우리는 지금까지 팔복의 인격적 정의를 함께 나누었습니다. 이제 예수님은 그리스도인들에 대한 기능적 정의, 즉 그리스도인들은 누구여야 하는가를 계속 가르치십니다.

오늘날 믿지 않는 사람들이 교회에 대해서 어떤 불평을 가지고 있는가를 조사한 어느 통계를 보니까 세 가지가 압도적으로 많았습니다.

첫째, 교회에 가면 언제나 돈 얘기만 한다.
둘째, 교인들의 모습이 너무 이기적이다.
셋째, 교회의 가르침이 지나치게 내세 중심적이어서 현실적이지 않다.

이것이 세 가지 대표적인 비판이었다고 합니다. 오늘의 교회가 주의해서 들어야 할 경고라고 생각합니다.

그러면 과연 오늘을 살고 있는 그리스도인들이 어떻게 본문 말씀처럼 이 세상 속에서 소금이고 빛이 되는 축복된 존재가 될 수 있을까요?

그리스도인은
이 세상에 있어야 한다

제가 이렇게 말하니까 어떤 분은 "목사님, 그리스도인이 세상에 없었단 말입니까?" 하며 의아해 할 것입니다. 우리는 언제나 세상 안에서 살아왔습니다. 그러나 우리 그리스도인들이 이 세상에 살면서도 어느 정도 심리적 도피를 하고 있지 않았는지를 자문할 필요가 있습니다. 이것은 아마도 우리가 세상을 가까이하면 세속화될 수 있다는 당연한 두려움 때문인지도 모릅니다. 그래서 우리는 항상 세상을 경계했고 세상과 거리를 두고자 했습니다. 그래서 우리가 잘 부르는 복음성가에도 보면 〈죄 많은 이 세상은 내 집 아니네〉라는 곡이 있습니다. 우리 한국 교인들이 즐겨 부르는 찬송가 491장 〈저 높은 곳을 향하여〉만 해도 이전의 본래 2절 가사에는 "괴롬과 죄만 있는 곳 나 어이 여기 살리까"로 되어 있습니다. 그것이 최초의 번역입니다. 이 가사대로 한다면 우리는 세상에 살 필요가 없이 다 천당 가야 합니다. 이 찬송가의 가사가 지나치게 도피주의적이어서 찬송가를 개작하는 작업을 할 때 2절 가사를 "괴롬과 죄가 있는 곳 나 비록 여기 살아도"로 조금 바꾸었습니다. 이 세상에 괴롬과 죄가 많지만 여기에 나를 살게 하신 어떤 이유가 있지 않겠습니까? 우리는 그 뜻을 찾아야 합니다.

그리스도인들이 오늘날 존재해야 할 이 세상은 분명히 부패해 가는 세상입니다. 그리고 어두운 세상입니다. 그러나 부패가 있기 때문에 이 세상은 소금인 그리스도인을 필요로 하지 않습니까? 어둡기 때문에 빛이신 그리스도를 필요로 하고 있는 세상이 아닙니까? 부패가 있는 곳에, 부패의 가능성이 있는 곳에 소금은 얼마나 필요합니까? 어두운 곳에 빛은 얼마나 긴요합니까?

예수님 당시에 팔레스타인에서도 소금은 아주 비싼 가격으로 판매되고 있었고 이것은 생명처럼 소중하게 여겨졌습니다. 그 당시 로마 군인들은 월급을 줄 때 이따금 화폐 대신에 소금으로 주기도 했습니다. 우리가 매달 직장에서 일하고 나면 받는 '샐러리'(salary, 월급)라는 말 자체가 salt money(소금돈)이라는 단어에서 비롯된 것입니다. 그 당시 로마의 욕 가운데 이런 욕이 있습니다.

"소금값도 하지 못하는 사람!"

특별히 팔레스타인 같은 열대 지방에서 냉장 시설이 없을 때 소금이라는 존재가 음식물의 저장 보관에 얼마나 필요불가결의 요소였겠는지를 생각해 보십시오. 그러나 이 소금이 소금답기 위해서는 선반 위에 있거나 창고에 있어서는 안 됩니다. 소금은 부패 가능성이 있는 음식들 한복판에 있어야 합니다. 그것이 소금이 있어야 할 자리입니다.

어두운 곳에 빛은 있어야합니다.

오래전에 어떤 공장에서 일하는 자매님이 저를 찾아왔습니다. "어떻게 지내세요?"하며 제가 물어보니까 이 자매는 "공장을 그만둬야겠어요"라고 대답했습니다.

"왜요?"

"제가 신앙을 가진 사람으로서 너무너무 견딜 수가 없어요."

그래서 제가 그 자매에게 이렇게 반문했습니다.

"자매님, '너희는 세상의 빛이다'라는 성경 말씀 생각나시죠?"

"생각나지요."

"빛은 어디에 필요한가요?"

"어두운 곳에 필요하지요."

"자매님이 일하시고 있는 그 공장이 아주 어두운 곳이라고 느끼시지요?"

"네, 그렇습니다."

"그렇게 그 공장이 어둡기 때문에 빛과 같은 자매가 필요하다고 생각하지 않으세요?"

이런 대화를 같이 나눈 적이 있습니다.

이 시대를 살고 있는 한국 교회 교인들이 세상에 대한 경계나 속화(俗化)를 두려워하는 경계심은 어느 정도 훈련되어 있지만 그러나 세상으로 가려는 노력은 상당히 부족하다는 느낌을 지울 수가 없습니다. '주께서 우리를 보내셨다'는, 이 세상을 향한 소명 의식이 약합니다. 우리는 교회에 올 때 상당한 기대를 가지고 옵니다.

"하나님이 나에게 어떻게 말씀하실까?"

예배드리기 위해 교회로 올 때에 주님을 만나고 하나님의 임재를 경험할 것에 대한 기대감을 가집니다. 하나님을 만나고 예배함에 대한 어떤 기대와 감격이 있습니다. 그러나 평일 직장에 출근할 때 이런 기대를 갖고 가는 그리스도인들이 얼마나 될까요?

'하나님이 오늘도 이 직장에서 나를 어떻게 사용하실까? 나를 통해서 하나님의 메시지를 어떻게 드러내고, 하나님의 영광을 어떻게 드러내고,

나를 어떻게 이 직장에서 쓰셔서 하나님의 임재를 나타내 주실까?'

이런 기대를 가지고 직장으로 출근하는 그리스도인들은 얼마나 될까요?

한스 큉(Hans Küng)이라는 현대 신학자는 이런 말을 했습니다.

"사제들이나 목사들이 교회를 향해서 파송된 성직자라면 평신도들은 세상을 향해서 파송된 성직자이다."

우리는 세상을 향해서 파송된 성직자입니다. 교역자들이 부르심을 받아 교회에서 하나님의 백성들을 섬기는 것처럼 평신도들은 세상을 섬기기 위해 세상으로 파송받은 성직자들입니다. 만일 모든 그리스도인들이 자기들이 파송받은 직장에서 성직자 의식을 갖고 직장의 모든 일을 수행한다면 직장이 얼마나 달라지겠습니까? 또 그리스도인 가정주부들이 가정에 갈등과 아픔이 있음에도 불구하고 '하나님이 나를 이 가정의 선교사로 파송하셨다'는 의식을 가진다면 가정이 얼마나 달라지겠습니까?

제가 목회자로서 늘 가지고 있는 갈등 중의 하나는 '어떻게 하면 우리 성도들의 삶에서 교회 생활과 일반 생활의 균형을 잡아줄 수 있을까' 하는 것입니다. 어떤 때는 '교회 생활이 우리 그리스도인들의 참된 삶에 방해가 되는 제일 요소가 되지 않을까' 하는 생각을 할 때도 있습니다. 교인들이 교회 와서 너무 많은 시간을 보내는 경향이 있습니다. 그것 때문에 가정생활에 지장이 있고 그것 때문에 직장 생활에 지장이 있다면, 우리가 잘못하고 있는 것입니다.

교회 생활에 시간을 너무 많이 쏟아부어서는 안 됩니다. 교회 나오지 말라는 소리가 아닙니다. 교회 나와서 예배드리고 훈련도 받아야 합니다. 그러나 교회에서 말씀을 통해 힘을 얻고 훈련을 받아서 우리가 가야할 곳, 살아야 할 곳은 가정과 직장입니다. 거기서 그리스도인의 삶을 살아야 합니다. 교회는 많아지는데 이 사회가 변하지 않은 까닭은 무엇입니까? 만약 그리스도인들이 저마다 자기 직장에서 최선을 다해서 직장 생활을 한다면, 정치계에서 그 역할을 다하고 있다면, 사업계에서 진정한 그 역할을 다하고 있다면, 군대에서 최선을 다하고 있다면, 이 땅의 모든 그리스도인 공무원들만이라도 그들의 삶의 자리에서 최선을 다하고 있다면 얼마큼 달라지겠습니까? 그런데 우리는 교회 와서 시간을 많이 보내고 사람들이 하나님께 충성하는 사람이라고 생각하는 경향이 있습니다.

우리가 왜 교회 나옵니까? 예배를 통해서 하나님의 임재를 경험하고 말씀을 통해서 인생의 새로운 힘을 얻기 위해서 나옵니다. 그렇다면 그것은 이렇게 비유할 수 있습니다. 교회에 나오는 것은 먹기 위해 영적 식당에 오는 것입니다. 그렇다면 이런 것이 자랑이 될 수 있습니까? 예를 들어 어떤 사람이 "나는 어제 종일 식당에서 보냈다"고 하면 그것이 무슨 자랑이 됩니까? 물론 식당에 와서 먹는 것은 당연합니다. 그렇지만 먹고 가야합니다. 어디로 가야합니까? 일터로 가야합니다. 나를 보내신 일터입니다. 그 일터는 가정입니다. 직장입니다. 거기서 그리스도인답게 살아야 합니다. 거기서 최선의 직장인이 되는 삶을 살아야 합니다. 제가 아는 모 기업 회장님은 회사를 잘 경영했습니다. 정직하고 지혜롭게 회사를 잘 경영하여 정직한 방법으로도 회사를 키울 수가 있다는 귀감을 보여주었습니다. 얼마나 빛과 소금의 역할을 했습니까? 그런데 그 분이 교회 와서 일주일 내내 시간을 보내기 때문에 회사 경영할 시간이 없다면 어떻게 되겠습니까? 우리가 가야 합니다. 마치 목회자들이 하나님의 보내심을 받아 교회에서 섬기는 것처럼 우리는 가정과 직장으로 가서 섬겨야 합니다. 거기가 우리가 있어야 할 곳이기 때문에 그렇습니다.

정말 그리스도인들이 오늘날 이 세상에서 축복된 존재가 되고자 한다면, 우리가 세상의 한복판에 소명감을 가지고 서 있어야 합니다. 그리고 우리의 존재 자체가 축복이 되어야 합니다.

세상 사람과
다르게 살아야 한다

만약 그리스도인들이 세상 사람과 똑같이 산다면 어떻게 될까요? 서로 다른 게 하나도 없다면 그리스도인이 매력 없게 보일 것입니다. 소금은 먹을수록 더욱 갈증을 일으킵니다. 우리의 존재됨을 보고 우리 주변에 있는 사람들이 어떤 매력을 느끼고 우리 삶에 대한 갈증을 느끼는 일들이 일어나고 있습니까? 그러나 때때로 그리스도인들은 오히려 자기들이 가진 독특한 삶의 모습을 가지고 주변을 감동시키고 감화시키기보다는 은근히 세상에 추파를 던지고 세상의 인정을 받기 위해서 노력하고 있는 것은 아닌지 모르겠습니다.

일부 그리스도인들 가운데 세상 사람과 잘 어울리는 것이 오히려 폭넓은 그리스도인의 삶을 증명하는 것인 양 착각하는 사람들이 종종 있습니다. 그래서 믿지 않는 사람들의 조금 이상한 라이프 스타일(life style)에도 동조하면서 '나도 당신들처럼 할 수 있다'는 식으로 객기를 부립니다. 그러면 어떤 사람들 이렇게 말할지도 모릅니다.

"당신은 교회 나가지만 정말 폭이 넓군요. 우리와 같이 잘 어울리고 한 잔도 잘 꺾으니 말이에요."

그러나 뒤에 가서 어떻게 말합니까?

"너나 나나 피장파장이다."

달라야 매력이 있습니다. 그 다른 것이 감동의 요인이 될 수가 있습니다. 다르다는 것이 도전이고, 다르다는 것이 그들의 삶 속에 던질 수 있는 놀라운 충격일 수 있는 것입니다.

예수님 당시에 팔레스타인 소금은 두 가지 종류가 있었습니다. 바다 소금은 훨씬 비쌌고 구하기도 힘들었다고 합니다. 소금맛이 잘 상실되지 않았기 때문입니다. 그런데 보편적으로 팔레스타인 가정에서 쓰였던 소금은 사해에서 나오는 소금이었는데, 이것은 질이 조금 떨어졌다고 합니다. 토양을 가꾸는 용도에 좋다고 생각해서 땅에다 이 소금을 많이 뿌렸다고 합니다. 그러면 토질이 좋아집니다. 보통 때는 괜찮은데 우기가 되어 비가 오게 되면 그 소금은 다 씻겨 내려갑니다. 그러면 모래가 되어버립니다. 그것은 아무짝에도 쓸모없는 모래입니다. 사람들의 발에 밟힐 수밖에 없는 소금이 된 것입니다. 아마도 예수님은 그런 유형의 소금을 염두에 두고 이런 말씀을 하셨을 가능성이 있습니다. 맛을 잃어버린 소금, 존재의 가치를 잃어버린 소금, 더 이상 빛을 나타내지 못하는 빛을 생각해 보십시오. 존재할 가치가 없습니다. 왜 존재하는 것입니까? 왜 살고 있는 것입니까? 내가 정말 오늘 이 사회, 이 직장, 이 가정에서 분명한 삶의 의미를 나타내고 있습니까?

소돔과 고모라가 멸망하기 직전에 우리가 그 도시에 들어가서 신문기자로서 인터뷰하는 과정을 한번 상상해보기 바랍니다. 각계각층의 사람을 만나서 인터뷰를 한다고 생각해 봅시다.

"이 도시에서 가장 필요한 것이 무엇이라고 생각합니까?"

아마도 어떤 사람은 이렇게 답할지 모릅니다.

"우리는 빈부 격차가 심한데, 얼마나 이 두 도시가 함께 잘살아가느냐 하는 경제 정책의 집행이야말로 우리의 관건입니다."

이것은 부분적으로 옳을 수 있습니다. 또 어떤 사람은 인터뷰에 이렇게 답합니다.

"우리는 소돔과 고모라, 두 도시의 주민들의 사이가 좋지 않은데, 함께 살기 좋게 만들기 위한 통일 전략이 필요합니다."

이것도 매우 필요하고 중요한 제안이 될지 모릅니다.

그러나 만약 그곳에서 아브라함을 만나 인터뷰한다면 그가 무엇이라고 대답하겠습니까? 그는 이렇게 대답할 것입니다.

"의인(義人)이 필요합니다."

하나님을 두려워하고 하나님의 뜻대로 살아가는 의인, 그가 굉장한 일을 꾸미고 굉장한 일을 하고 있어서가 아니라 그 존재 자체가 너무 소중하고 필요한 의인, 그 의인 열 명이 없어서 소돔과 고모라는 결국 하나님의 심판을 견딜 수가 없었습니다.

사람됨이 달라야 합니다. 그리스도인이 세상 사람과 다르다는 것이 그리스도인이 세상에 있어야 할 근거가 되는 것입니다.

우리가 살고 있는 세상에서 우리가 축복된 존재로 살아가려면 무엇보다 중요한 것이 우리의 라이프 스타일이 달라야겠습니다. 그리스도인다운 삶이 내 삶 속에 구현되기를 구하시기 바랍니다.

이 세상에서
희생하며 살아야 한다

어버이 주일에 어머니도 생각하고 아버지도 생각하지만, 아버지보다는 어머니에 대한 생각이 절절하지 않습니까? 부성애보다는 모성애가 더 큰 감동이 됩니다. 어머니의 사랑이 왜 우리를 울립니까? 희생 때문입니다. 그분들의 희생, 잘난 어머니나 못난 어머니나 자식들을 위한 한결같은 희생, 돌아보면 어머니에 대한 눈물겨운 추억이 다 있을 것입니다. 그것은 어머니의 희생이 우리에게 주는 하나의 감동이라고 할 수 있습니다. 그래서 어머니는 우리에게 축복이었습니다. 그 사랑과 그 은혜를 입고 살아가는 우리들, 이제 우리에게 주어진 삶의 소명은 무엇이라고 생각합니까? 내가 누군가에게 또한 축복된 존재가 되어야 하겠다는 것입니다. 다음 세대 또 우리의 이웃들에게 내가 얼마나 축복된 존재가 될 수 있느냐 하는 것입니다.

굉장히 큰 일을 해야만 우리가 세상의 소금이 되고 빛이 되는 것이라고 생각하지 맙시다. 그냥 그리스도인답게 살아가는 것 자체로서 우리는 빛이고 소금일 수 있습니다. 흥미로운 사실은 본문에서 주님이 말씀하실 때 "너희는 세상의 소금이 되어라"고 말씀하지 않으셨다는 것입니다. 명령법이 아닙니다. "너희는 세상의 소금이다. 너희는 세상의 빛이다"라고 직설법으로 말씀하셨습니다. 물론 우리는 빛 자체는 아닙니다. 우리가 빛의 근원이 아닙니다. 예수 그리스도만이 빛의 근원이 되십니다.

"나는 세상의 빛이니 나를 따르는 자는 어둠에 다니지 아니하고 생명의 빛을 얻으리라"(요 8:12)

그러나 예수 그리스도를 구세주와 주님으로 영접하는 순간, 빛이신 주님을 소유한 사람마다 이미 빛인 것입니다. 빛이 아닌 그리스도인은 없습니다. 우리가 거듭난 사람이라면, 우리가 성령님을 통해서 예수 그리스도를 구주와 주님으로 영접한 사람이라면 우리 가운데 아무도 소금이 아닌 사람이 없습니다. 다 소금입니다. 과연 짠맛을 가지고 있는 소금인가, 소금다운 소금이냐가 문제입니다. 빛다운 빛이냐가 관건입니다. '나는 빛의 근원이 아니지만 빛 되신 그리스도를 소유하고 그분을 나타내는 삶을 살고 있는가?'를 자문해 보아야 합니다. 마치 달이 태양의 빛을 반영하는 것처럼 말입니다. 우리 중에 어떤 사람은 만월(滿月)의 삶을 사는 사람이 있습니다. 어떤 사람은 초승달처럼 작은 빛을 발할 수도 있습니다. 그러나 중요한 것은 "나는 정말 주께서 내게 주신 그 생명의 맛을 간직하고 그 맛을 드러내는 삶을 살고 있다"고 말할 수 있느냐는 것입니다. 그렇게 살기 위해서 제일 중요한 것은 희생입니다. 소금이 녹듯이 말입니다. 모든 종류의 빛이 스스로를 태움으로써 존재하는 것처럼, 자기희생이 없이는 우리는 빛으로 살 수가 없습니다.

저는 오늘날 그리스도인들이 너무 손해보지 않고 살려고 애쓰는 것 같다는 생각이 듭니다. 그러니 이 세상이 바뀌겠습니까? 부정직한 세상에서 정직하게 살려면 손해보는 경우도 있습니다. 그러나 좀 손해보는 사람이 있어야 하지 않겠습니까? 그래야 세상이 감동을 받지 않겠습니까? 저마다 속셈이 있고 절대로 손해보지 않으려는 철저하게 이기적인 세대에서 의를 위해서 손해를 감수할 수 있는 사람, 정직을 위해서 자기 자신을 희생할 수 있는 사람, 이런 사람이 필요합니다. 다같이 불친절한 세상에서 친절하게 살려면 손해보는 것이 당연합니다.

운전하다가 자기가 잘못해놓고 도리어 손가락질을 하는 사람에 대해 같이 손가락질하면 똑같은 사람이 되고 맙니다. 상대방이 아우성칠 때 웃어주십시오. 그러면 "저 종자는 다르구나" 하며 감동이 되는 것입니다. 다른 모습을 보여야 합니다. 내가 손해를 보더라도 손해 그 자체가 감동일 수 있는 사람, 다같이 불평스러워하는 이 삶의 자리 한복판에서 그리스도 때문에 스스로 자족할 수 있는 사람, 내 삶의 부요가 내게 주어진 환경적인 요인 때문이 아니고 그리스도 때문에 행복할 수 있는 이런 삶의 영광을 우리가 나타낼 수 있다면 우리가 얼마나 달라질 수 있겠습니까?

1700년대의 프랑스는 하루도 편안할 날이 없었습니다. 혁명과 반혁명이 계속되는 와중에서 수많은 사람들이 단두대의 이슬로 사라졌습니다. 편안한 가정이 없었고 하루도 편안한 뉴스가 나오지 않았습니다. 그러나 같은 시대에 영국은 참으로 달랐습니다. 부패하기는 프랑스나 영국이나 마찬가지였습니다. 미국의 28대 대통령이었던 우드로 윌슨(Woodrow

Wilson, 1856~1924년)이 프랑스와 영국의 역사를 대조하면서 이런 흥미로운 관찰을 했습니다. 무엇이 그 시대의 영국과 프랑스를 다르게 만들었을까? 사람들이 부패한 것은 마찬가지였습니다. 영국에도 프랑스 이상의 부패가 있었습니다. 그러나 윌슨은 이렇게 말합니다.

"그러나 영국이 혁명과 피의 학살의 거리를 만들지 않아도 될 이유가 있었다면, 영국에는 존 웨슬리(John Wesley)가 있었다. 영국에는 조지 휫필드(George Whitefield) 같은 사람이 있었다."

그 시대에 대한 부담을 안고 조용히 그리스도의 빛을 발하며 살고 있었던 사람들 때문에 하나님은 부패한 영국 사회이지만 그 땅에 혁명이 아니라 신앙부흥을 주셨습니다. 영적인 각성이 일어나자 영국은 그 시대를 건강하게 극복해 갈 수 있었습니다.

그렇다고 해서 존 웨슬리가 굉장한 사회 운동 단체를 조직한 것이 아닙니다. 그는 그리스도인답게 살았습니다. 시대의 상처를 끌어안고 기도했습니다. 그리고 조용한 작은 빛을 발했습니다. 그러나 그 빛들은 그 시대 안에 위대한 충격으로 다가왔던 것입니다.

제가 얼마 전에 어떤 미국 크리스천 잡지에서 한 그리스도인의 간증을 읽고 감동을 받았습니다. 여러 해 전에 미국 어느 대학에서 학생회 회장을 지냈던 사람이 그리스도인이 된 것을 간증하는 내용이었습니다. 학생 운동의 회장을 지냈던 자신이 그리스도인으로 갑자기 뒤바뀐 이유를 설명했습니다. 그 계기가 아주 단순했습니다. 몸이 아파서 한 주간 병원에 입원하게 되었습니다. 그런데 아무도 찾아오지 않더라는 겁니다. 그런데 늘 자기가 시시하게 생각하고 비웃었던 그리스도인 친구 하나가 병석에 누워있는 그를 찾아와서 여러 말 하지도 않고 말없이 앉아서 손만 잡아주다가 돌아가더랍니다. 그가 병원 생활 한 주간을 끝내고 학교로 돌아갔더니 그 그리스도인이 자기가 결석한 모든 과목에 대해서 깨끗하게 노트를 정리해서 주더랍니다. 그는 자기 이데올로기의 실험을 거칠 필요없이 이 단순한 한 사건 때문에 뒤집어졌습니다. 그리스도인이 되었습니다. 복음의 영광을 받아들이게 되었습니다.

우리가 하는 굉장한 일이 사회를 바꿀 수 있는 것이 아니라 날마다 살아가는 삶의 터전에서 해나가는 작은 사랑의 실천이 이 사회를 바꿀 수가 있습니다. 남들이 가까운데 주차할 수 있도록 나는 한적한 곳에 가서 주차하고 오는 것이 역사를 바꾸는 것입니다. 지나가면서 휴지 하나를 줍는 것이 역사를 바꾸는 것입니다. 굉장한 사건이 역사를 바꾸는 것이 아닙니다.

우리가 손해를 봐야 하고 희생을 해야 합니다.

한 알의 밀이 땅에 떨어져 죽지 아니하면 한 알 그대로 있고 죽으면 많은 열매를 맺느니라(요 12:24)

십자가가 우리를 감동시키는 것은 거기서 그분이 자신의 생명을 내어주셨기 때문입니다. 그분이 죽음으로 우리가 살았습니다. 우리의 희생은 역사를 살릴 것입니다. 이 사회를 살릴 것입니다.

마침내 애굽의 왕 바로조차 인정할 수 밖에 없었던 요셉의 존재는 애굽의 축복이었습니다. 느부갓네살 왕조차 인정할 수밖에 없었던 다니엘의 존재는 바벨론의 빛이었습니다.

우리는 부모들의 희생 그리고 우리보다 앞서 삶을 살았던 선배들의 희생 때문에 오늘 여기에 존재할 수 있게 된 것입니다. 우리는 이러한 사랑과 축복에 빚을 지고 있는 사람들입니다. 이제 우리가 빛을 발하기를 원합니다. 우리가 가진 독특한 기독교 세계관과 가치관의 빛을 가지고 살기 원한다면, 좀 손해 볼 수 있기를 바랍니다. 좀 희생하면서 살 수 있기를 바랍니다. 그랬을 때 우리를 통해서 나타나는 조용한 빛 그리고 조용한 감동은 우리 가정을 바꿀 것입니다. 그리고 하나님의 나라가 이 땅에 오게 할 것입니다.

12

먼저 구해야 할 축복

마태복음 6장 31-34절

[31]그러므로 염려하여 이르기를 무엇을 먹을까 무엇을 마실까 무엇을 입을까 하지 말라 [32]이는 다 이방인들이 구하는 것이라 너희 하늘 아버지께서 이 모든 것이 너희에게 있어야 할 줄을 아시느니라 [33]그런즉 너희는 먼저 그의 나라와 그의 의를 구하라 그리하면 이 모든 것을 너희에게 더하시리라 [34]그러므로 내일 일을 위하여 염려하지 말라 내일 일은 내일이 염려할 것이요 한 날의 괴로움은 그날로 족하니라

마음이 착한 할아버지 한 분이 등대지기가 되었습니다. 그에게는 등대불을 밝히기 위해서 한 달에 꼭 한 번씩 기름이 공급되었다고 합니다. 그 기름은 필요한 것보다 늘 넉넉하게 공급이 되었습니다. 어느 날 밤에 아랫마을 할머니 한 분이 오셔서 자기가 거처하는 방이 너무 추운데 기름을 조금 얻을 수가 있겠느냐고 청했습니다. 등대지기는 기꺼이 기름을 주었습니다. 또 어느 동네 아저씨가 찾아와서 자기 램프를 밝히는 데 기름이 조금 필요하다고 부탁했습니다. 등대지기 할아버지는 또 기름을 나누어주었습니다. 어떤 날 동네 꼬마가 와서 자전거를 타는데 자전거가 오래되어서 바퀴가 잘 돌아가지 않으니 기름을 쳤으면 좋겠다고 해서 등대지기는 또 기름을 나누어주었습니다. 이렇게 여분의 기름을 조금씩 나누어주는 것은 등대지기의 삶의 습관이 되었습니다.

그러던 차에 어느 달, 계산을 조금 잘못해서 하루분의 기름이 모자라는 사태가 발생했습니다. 그날 마침 비바람이 불고 캄캄한 밤에 등대불을 밝힐 수가 없어서 두 척의 배가 바로 등대 앞에서 파선하는 사고가 일어났습니다.

관청에서 감독관이 파견되었습니다. 조사 과정에서 이 등대지기가 기름을 조금씩 나누어준 것이 드러나게 되었습니다. 물론 파면이 결정되었습니다. 감독관은 이 노인에게 해고를 명하면서 이렇게 말했다고 합니다. "당신에게 기름이 공급된 유일한 이유는 오직 한 가지 목적 때문입니다. 그것은 등대를 밝히는 것입니다. 당신은 가장 중요한 목적을 망각했습니다."

이 등대지기가 이웃들에게 기름을 나누어준 것은 잘한 일입니다. 그러나 그는 가장 중요한 목적을 망각했습니다. 그것이 인생의 결정적 실수가 되고 말았습니다.

세상에는 우리가 해야 할 좋은 일들이 많이 있습니다. 그러나 가장 중요한 목적을 망각할 때 인생은 많은 좋은 일을 하고도 실패할 수 있습니다. 서양 속담에 "차선은 최선의 적이다"라는 말이 있습니다. 좋은 일 하다가 가장 좋은 일을 등한히 함으로써 우리 인생에서 결정적인 어려움을 당할 수가 있습니다.

본문에서 예수께서는 제자들의 삶에 필요한 의식주에 대해서 말씀하십니다. '무엇을 마실까, 무엇을 먹을까, 어디에서 살까' 하는 이런 것들은 인생에서 반드시 필요한 것들입니다. 주님은 그 필요성을 부인하지 않으십니다. 그러나 이러한 것들은 필요한 것들이지 인생의 목표가 될 수 있는 것들은 아닙니다. 우리는 먹기 위해서 먹는 것이 아니고, 입기 위해서 입는 것이 아니며, 살기 위해서 사는 것이 아닙니다. 거기에는 좀 더 중요한 어떤 뜻, 즉 나를 이 땅에 보내신 하나님의 목적이 있습니다. 본문은 이렇게 시작합니다.

그러므로 염려하여 이르기를 무엇을 먹을까 무엇을 마실까 무엇을 입을까 하지 말라(마 6:31)

그리고 33절에 우리가 잘 아는 말씀을 하십니다.

너희는 먼저 그[하나님]의 나라와 그의 의(義)를 구하라

'하나님의 나라'라고 하면 우리가 죽어서 가는 천국만 생각해서는 안 됩니다. '하나님의 나라'라는 개념에서 가장 중요한 것은 '하나님의 통치'입니다. 내가 하나님을 내 삶의 주인으로 받아들이고 그 하나님의 다스림을 받으면 내 삶 속에 하나님의 뜻이 이루어집니다. 나를 이 땅에 보내주신 하나님의 뜻을 성취하는 삶, 그것이 하나님의 나라를 구하는 삶입니다.

하나님의 나라가 하나님의 통치라면 내가 하나님의 통치를 받을 때 그 삶 속에는 필연적으로 하나님의 의가 나타납니다. 그 의를 높이고 그 의를 증거하는 삶, 여기에 내 삶의 목표를 맞추고 살고 있다고 말할 수 있을까요? 내 인생에 필요한 것들이 많습니다. 그러나 그것은 필요한 것들입니다. 때론 그것들도 축복일 수 있습니다. 그러나 가장 중요한 축복, 놓치지 말아야 할 축복, 인생의 목표와 관련된 것, 곧 하나님의 나라와 하나님의 의를 위해서 사는 것이 바로 우리가 먼저 구해야 할 가장 중요한 축복

입니다.

어떻게 우리는 이 먼저 구해야 할 축복인 하나님의 나라에 초점을 맞추고 인생을 살아갈 수 있을까요?

인생의 염려에서 해방되어야 한다

정말 우리가 하나님의 뜻을 이루는 삶을 살아가려면 삶의 염려에서 해방될 필요가 있습니다. 우리 인생이 너무나 많은 사소한 염려들로 지배를 받기 시작하면 인생의 우선순위에 혼란이 생깁니다. 무엇을 먼저 해야 될지 모르게 됩니다. 염려가 생기면 마음이 나누어집니다. '염려'에 해당하는 헬라어 '메림나'(merimna)의 뜻이 '마음을 나눈다'는 의미입니다. 우리의 마음이 찢겨지고 나누어지면 무엇이 중요한가를 잊어버립니다. 무엇을 위해서 살아야 하는지를 망각하게 됩니다. 인생의 초점을 잃게 됩니다. 그러므로 우리가 정말 인생의 목적을 성취하는 삶, 하나님이 나를 이 땅에 보내시고 기대하시는 그 뜻을 실현하는 삶을 살기 위해서는 염려로부터 해방되어야 합니다.

어떻게 염려하지 않고 살 수 있습니까? 염려하지 않으면 됩니다. 간단합니다. "염려하지 말라" 하셨으니까 염려하지 않으면 됩니다. 진리는 가장 쉬운데 있습니다. 염려에서 해방되는 비결은 염려하지 않는 것입니다. 염려할 수밖에 없는데 어떻게 염려를 하지 않습니까? 실상 우리가 염려할 수밖에 없는 내용들을 가만히 들여다보면 두 가지로 분석됩니다.

우선, 내가 아무리 염려해도 해결될 수가 없는 것이 있습니다. 예수께서 마태복음 6장 27절에서 이렇게 말씀하십니다.

"너희 중에 누가 염려함으로 그 키를 한 자라도 더할 수 있겠느냐"

사람이 성인이 되면 몸무게는 줄일 수 있지만 키는 더 이상 자랄 수 없습니다. 염려해 봐야 소용없습니다. 내가 염려해도 변화될 수가 없다면 염려해야 소용없는 것입니다. 염려하지 마십시오.

다음으로, 어떤 것은 염려하면 해결됩니다. 그러면 해결하면 되는 것이지 왜 염려합니까? 염려할 것 아무것도 없습니다. 때때로 우리는 염려할 일도 아닌데, 염려할 가능성이 있는 문제를 미리부터 끌어안고 고뇌하면서 인생의 모든 에너지를 탈진하고 소모시킵니다. 그래서 본문 마지막에 보면 주께서 이렇게 말씀하십니다.

그러므로 내일 일을 위하여 염려하지 말라 내일 일은 내일이 염려할 것이요 한 날의 괴로움은 그날로 족하니라(마 6:34)

어느 회사에서 입사 지원자 면접을 하는데 그 회사 측에서 면접 책임을 맡은 분이 이렇게 말했습니다.

"우리 회사에서는 적극적 사고방식을 가진 사람이 필요합니다. 당신은 그런 성격의 소유자입니까?"

"예, 저는 적극적인 사람입니다."

"우리 회사에서는 신경질적이고 고민하고 근심하는 사람들은 필요하지 않습니다. 당신은 그런 사람이라고 생각하지 않습니까?"

"아니요, 저는 그런 사람이 아닙니다."

면접이 계속되면서 입사 지원자가 제일 알고 싶어하는 것은 월급인데 그 얘기가 없습니다. 그래서 참다 못해서 "월급은 얼마나 주십니까?" 하고 물었습니다.

"염려하지 마세요, 우리는 실력에 따라서 우대합니다. 당신이 최선을 다하는 한 안정된 생활을 보장합니다. 조금도 걱정하지 마십시오."

"그래도 얼마인 줄 알아야 규모 있는 살림을 할 수 있지 않습니까?"

"염려하지 말라니까요."

"그래도 알아야 규모 있는 생활을 할 수 있지 않습니까?"

"염려하지 말라니까요."

설전을 벌이다가 "정말 염려가 많군요. 우리 회사에서는 당신 같은 사람은 필요하지 않습니다" 하며 면접을 끝냈습니다.

하나님이 보실 때도 하나님이 쓰실 만한 사람으로 제일 중요한 자격 중의 하나가 염려에서 해방된 자입니다. 염려에서 해방되는 것이 왜 중요하냐 하면, 염려에서 해방되어야 더 높은 목표에 초점을 맞출 수가 있기 때문입니다. 하나님이 내게 기대하시는 뜻 그리고 나를 통해서 성취하기 원하시는 더 고상한 인생의 목표, 그 하나님의 부르심에 내 삶의 목적을 맞추어서 살기 위해서는 내 관심을 분산시키는 염려로부터 해방되는 것이 가장 중요한 일입니다. 내 삶이 하나님께 붙잡힘 받아 하나님의 목적을 성취하는 삶을 살기 원합니까? 염려에서 해방되기 바랍니다.

하나님이 내 인생을 책임져 주신다는 것을 믿어야한다

하나님은 내 인생을 책임지실 것입니다. 이 사실을 믿어야합니다. '염려하지 말라'는 말씀을 드렸습니다마는 '염려 안 하겠다' 하는 이것은 인간의 단순한 의지적 결단만으로 쉽게 되지는 않습니다. 여기에 인간의 딜레마가 있습니다. 그렇지만 그리스도인은 정말 염려하지 않을 수 있습니다. 왜냐하면 하나님이 살아계시기 때문에 그렇습니다. 만물을 창조하신 그분 그리고 만물을 붙들어 섭리하시는 그분, 나를 이 땅에 보내고 내 삶을 주관하고 내 인생을 책임질 수 있는 전능하신 그분이 나의 아버지가 되십니다. 이 사실을 참으로 믿을 수가 있다면 우리는 염려 안 해도 됩니다. 주님은 이렇게 말씀하십니다.

"공중에 나는 새를 보라, 아무도 돌보는 사람이 없어도 잘 살지 않느냐? 너희들은 저 새들보다 더 귀중한 존재가 아니냐? 들의 백합화를 보라. 누가 저 백합화를 철따라 꽃을 피우고 열매를 맺게 하느냐? 너희는 이것들보다 더 귀하지 아니하냐?"

본문 들어가기 직전의 30절 말씀을 보십시오.

오늘 있다가 내일 아궁이에 던져지는 들풀도 하나님이 이렇게 입히시거든 하물며 너희일까보냐 믿음이 작은 자들아(마 6:30)

오늘 있다가 내일 아궁이에 던져지게 될 하찮은 들풀조차도 하나님께서 돌보신다면 영원을 두고 살아야 할 하나님의 자녀들을 하나님이 그대로 방치해 두시겠습니까?

"믿음이 작은 자들아!"

문제는 믿음입니다. 우리 하나님의 주권을 신뢰하지 못하는 것이 문제입니다. 나를 인생으로 태어나게 하시고 지금 내 삶을 이끌어가시는 전능하신 하나님은 내 삶의 장(場)에 나와 더불어 동행하고 나를 인도해 주십니다. 이 살아계신 하나님의 내 삶에 대한 간섭과 하나님의 선하신 주권에 대한 신뢰가 있어야 합니다. 이 신뢰를 회복하는 순간 나는 염려에서 해방될 것입니다.

믿어야 합니다. 믿는 순간부터 달라집니다. 이것이 그리스도인과 비그리스도인의 차이점이라고 할 수 있습니다. 먹을 것을 필요로 한다는 것, 입을 것을 필요로 한다는 것, 살 곳을 필요로 한다는 것, 이 점에 있어서는 우리는 불신자들과 조금도 다를 것이 없습니다.

"그러므로 염려하여 이르기를 무엇을 먹을까 무엇을 마실까 무엇을 입을까 하지 말라"

염려하지 않을 수 있다면 그때부터 달라집니다. 불신자들과 우리의 삶이 달라집니다.

"이는 다 이방인들이 구하는 것이라"

먹을 것을 위해서, 마실 것을 위해서, 입을 것을 위해서, 살아야 할 주거를 위해서 계속 염려만 하고 있다면 우리가 불신자들과 다를 것이 무엇이겠습니까? 우리에게도 의식주가 필요한 것이 사실입니다. 그러나 내가 나의 삶의 주인되신 하나님의 뜻을 구하며 하나님께 내 인생의 초점을 맞추고 주님을 바라보고 산다면, 하나님이 내 삶을 반드시 책임져 주십니다.

내가 사는 집이 크든 작든 내가 소유할 수 있는 수입이 많든 적든 상관없이 내 필요를 채우시는 하나님을 신뢰하고 다만 내 삶의 더 중요한 목적에 초점을 맞추고 당당하게 살아가는 삶의 모습은 불신자의 삶의 스타일과는 판연히 구별되는 것입니다.

이는 다 이방인들이 구하는 것이라 너희 하늘 아버지께서 이 모든 것이 너희에게 있어야 할 줄을 아시느니라(마 6:32)

하나님이 아십니다. 하나님이 아시면 하나님이 책임져 주시지 않겠습니까? 주께서 우리의 삶을 책임져 주신다고 약속하십니다. 이 하나님을 신뢰하기 바랍니다. 하나님을 신뢰하는 것을 배워야 합니다. 저는 하나님을 신뢰하는 삶에 대해서 제 아내에게 많이 배웠습니다.

부끄러운 이야기지만 전도사 시절만 해도 저는 십일조 생활을 할 수가 없습니다. 워낙 집이 가난해졌기 때문입니다. 나 혼자 살기도 힘든데 동생들은 여섯이나 되고 우리 집안 식구 전체의 생계를 책임져야 하는 사건이 발생했으니까 저한테는 한 푼이 중요했습니다. 어떻게 십분의 일을 드릴 수가 있겠습니까? 그래서 저는 전도사 하면서도 십일조를 안 뗐습니다. 장가를 들었는데 결혼하고 나서 며칠 지나지 않아서 사례비를 받으니 아내가 십일조를 드리자고 했습니다. 솔직하게 "나는 지금까지 십일조를 못했다"고 하니까 아내가 깜짝 놀랐습니다. "당연히 십일조를 드려야지요" 하면서 십일조를 따로 떼었습니다. "그럼 이제 우리가 어떻게 사느냐?"고 했더니 아내는 "걱정하지 마세요"라고 말했습니다. "당신이 하나님이냐?"고 했더니 아내는 "제가 결혼할 때 하나님이 책임져 주신다는 약속을 받았어요"라고 했습니다. 속으로는 아니꼬웠습니다.

'저 혼자 신앙 있는 것처럼 얘기하는구나.'

"하나님이 책임져 주십니다."

저는 아내에게서 이 소리를 20년 이상 들으면서 살았습니다.

"하나님이 책임져 주십니다."

그런데 하나님이 진짜 책임져 주셨습니다. 한 번도 부족함이 없었습니다. 아주 열악한 환경에서 살 때에도 정말 하나님이 책임져 주셨습니다. 같이 살다 보니까 저도 이제는 감염이 되어서 어느 사이엔가 그것을 믿고 사는 제 모습을 발견하게 되었습니다. 하나님이 책임져 주십니다. 주께서 나를 아십니다. 우리를 아십니다. 내가 무엇을 필요로 하는지를 아십니다. 다만 참으로 중요한 하나님의 뜻에 삶의 초점을 맞추어 그분을 영화롭게 하고 우리를 이 땅에 보내신 하나님의 뜻을 성취하는 삶을 기쁘게 살고자 할 때, 하나님이 우리의 삶을 책임져 주시지 않겠습니까? 그 하나님을 신뢰하십시오.

제가 1세기에 살았던 그리스도인들의 책을 읽다가 어느 날 이상한 것을 하나 발견했습니다. 그 시대에 별로 유명하지 않았던 인물로 티베리우스라는 사람에 대해 제가 읽고 있었는데, 이 사람 이름이 너무 길다고 생각했습니다. '티베리우스 아메림노스', 처음이 이름이고 뒤가 성인지 도대체 어떻게 된 건가 하고 혼동이 되었습니다. 그다음에 또 다른 인물이 나왔는데 요한 아메림노스, 바울 아메림노스, 이 '아메림노스'란 이름이 다른 이름에도 붙어 있었습니다. 희랍어 사전을 찾아보니까 이 아메림노스가 이름이 아니고 어떤 사람에 대한 설명인데, 그 뜻이 뭐냐 하면 '전혀 걱정하지 않는 사람'이었습니다. 전혀 걱정하지 않는 사람인 티베리우스, 전혀 걱정하지 않는 사람인 요한, 전혀 걱정하지 않는 사람인 바울, 초대 그리스도인들은 서로 편지를 주고 받으면서 이런 식으로 서로의 삶에 대한 고백을 하고 있었던 것입니다.

"철수, 전혀 걱정하지 않는 사람."

당신의 이름을 넣고 읽어보십시오.

"이동원, 전혀 걱정하지 않는 사람."

'하나님이 내 삶을 책임져 주신다'는 것을 참으로 믿는다면 우리는 이 걱정과 염려에서 자유할 수 있습니다. 그랬을 때 우리는 정말 중요한 목적을 추구할 수 있습니다. '하나님이 책임져 주신다'는 사실을 믿고 나는 자유롭고 담대하게 이제 하나님이 내게 맡기신 삶의 소명을 이루기 위하여 내 인생의 목표를 향해서 달려갈 수가 있습니다. 하나님의 나라를 위해서 살기 원하십니까? 염려에서 해방되십시오. 그리고 하나님이 내 삶을 책임지신다는 사실을 믿으시기 바랍니다.

매일의 삶에서
바른 결단을 내려야 합니다

너희는 먼저 그의 나라와 그의 의를 구하라 그리하면 이 모든 것을 너희에게
더하시리라(마 6:33)

이것은 일회성의 결단을 요청하는 말씀이 아닙니다. "너희는 먼저 하나
님의 나라와 의를 계속 계속 구하라"는 것입니다. 하나님의 나라를 위해
서 살기로 날마다 결단하여야 합니다. 아침에 일어나서 하루를 살아가기
전에 하나님의 나라를 위해서 살기로 결단하여야 합니다. 인생은 결단입
니다. 인생은 선택입니다. 우리는 수많은 선택의 기로 앞에 서서 하루하
루 삶을 결단하면서 인생을 빚어가고 있는 것입니다.

우리는 바야흐로 정보화 시대의 한복판에 있습니다. 정보화 시대가 발
전되면 너무너무 편해질 것 같습니까? 아닙니다. 우리는 수많은 정보와
더불어 싸우게 될 것입니다. 그리고 그 정보를 선택해야 합니다. 그리고
그 선택에 의해서 인생을 살아야 합니다. 선택의 고뇌는 더욱 심해질 것
입니다. 우리는 하루하루 이 선택과 더불어 싸워야 합니다. 올바른 선택
이 내 삶의 질을 결정하게 될 것입니다.
하나님의 뜻을 이루는 인생을 살려면 제일 중요한 것이 긴급한 일과 중
요한 일의 차이를 아는 것입니다. 당장 해야 할 일이라고 해서 그 일이 반
드시 중요한 일이 아닐 수도 있습니다. 우리는 하나도 중요하지 않은 일
때문에 허둥지둥 살다가 일생을 허비할 수도 있습니다. 너무너무 바쁜데

그 일들을 하나하나 분석해 보면 하나도 중요하지 않은 일인 경우가 허다합니다. 하나님의 손에 붙들림을 받아 나를 향한 하나님의 뜻을 성취하는 인생을 살기 위해서는 '내가 이 짧은 인생을 통해서 성취해야 할 나를 향한 하나님의 기대가 무엇인가?'를 알아야 합니다. 그것을 유감없이 성취해야 합니다.

미국의 사회학자 가운데 앤서니 캠폴로(Anthony Tony Campolo)라는 사람이 95세 이상을 산 아주 건강하게 장수한 사람들만을 대상으로 해서 통계 조사를 했습니다. 그들에게 낸 설문 가운데 이런 것이 있었습니다.
"당신이 다시 인생을 산다면 어떤 일들을 주로 하면서 살겠습니까?"
제일 많은 대답이 이런 대답이었다고 합니다.
"가치 있게 평가되는 일을 하면서 다시 인생을 살고 싶습니다."
죽음이 가까울수록, 인생을 더 진지하게 돌아보는 사람일수록 "내가 죽은 후에라도 가치 있게 평가될 수 있는 그런 일을 하고 싶습니다"라고 대답했습니다.

오늘 우리가 가치 있게 평가되는 삶을 위해서 인생의 시간을 사용하고 있습니까? 돌이켜보면 너무나 무가치한 일에 매달리는 시간들이 얼마나 많습니까? 만나야 할 사람들도 많습니다. 해야 할 일도 많습니다. 그러나 어차피 모든 것을 다 할 수가 있는 것은 아닙니다. 모든 사람을 다 만날 수가 있는 것도 아닙니다. 그렇다면 결단을 해야 합니다. 어떤 것은 포기하기로 결단해야 합니다.

천재 소녀라고 불리던 미국의 한 소녀 바이올리니스트에게 "이런 천재적인 음악적 성취를 이룰 수 있었던 비결은 무엇이었습니까?" 하고 질문했을 때 아주 흥미 있는 대답을 했다고 합니다.

"나는 많은 것을 안 하기로 어느 날 결단했습니다."

"도대체 그게 무슨 말입니까?"하고 물었습니다.

"나는 예전에 하루 스케줄을 너무 빈틈없이 짰습니다. 아침 6시에 기상해서 6시부터 6시 반까지 세수하고 6시 반부터 7시까지 방 청소하고 7시부터 하루의 스케줄을 짜고 아침 식사를 하고 아침 식사 끝나자마자 즉각 연습에 들어가고, 항상 이런 스케줄대로 인생을 살면서 열심히 연습했지만 발전이 없었습니다. 그래서 어느 날 삶의 스타일을 바꾸었습니다. 스케줄대로 하는 것은 포기하고 연습만 하기로 결정했습니다. 정말 중요한 연습만 하기로 말입니다."

그때부터 놀라운 발전이 있기 시작하더랍니다. 자신의 가장 중요한 것을 그녀는 어느 날 발견해 낸 것입니다. 가장 중요한 것을 향한 몰두와 결단이 매우 중요합니다. 우리가 하고 있는 일들을 분석해 보십시오. 어떤 일로 하루가 사용되고 있습니까?

알프스 정상에 올라가기 위해서 일단의 관광객이 도착했습니다. 그들을 인도하게 될 프랑스 가이드가 보니까 여행객이 너무 많은 짐을 가지고 왔습니다. 이들은 도보로 알프스 정상까지 올라가기로 한 사람들인데 짐이 너무 많았습니다.

"그 짐들을 가지고서는 도저히 정상까지 올라갈 수 없습니다. 짐들을 버스 안에 내려놓고 아주 가벼운 차림으로 다시 오십시오."

그런데 영국인 한 사람만 아주 무겁게 보이는 가방을 메고 다시 왔습니다. 그래서 "당신은 그 짐 가지고서는 도저히 저 정상까지 올라갈 수가 없습니다"라고 했지만 이 영국 사람은 말을 듣지 않았습니다. "올라가지 못한다"고 하니까 "나는 나 혼자 올라가겠다"고 하며 혼자 가버렸습니다. 나머지 사람들을 데리고 가이드가 천천히 올라가기 시작했습니다. 그런데 한참 올라가다 보니까 담요가 쌓여 있었습니다. 또 한참 올라가다 보니까 술병들이 있었습니다. 또 한참 올라가다 보니까 식품, 더 올라가다 보니까 카메라 같은 것들이 놓여 있었습니다. 앞서 올라간 영국 사람이 놓고 간 것들이었습니다. 정상에서 만났을 때 그들은 빈손으로 만났습니다. 이것이 인생입니다.

우리는 어머니에게서 태어났을 때 소유에 대한 집착을 갖고 두 주먹을 불끈 쥐고 태어납니다. 그러나 인생을 떠나는 순간 다 놓고 갑니다. 결국은 다 놓고 갑니다. 빨리 놓는 것을 배워야 합니다. 중요하지 않은 것은 빨리 포기해야 합니다. 왜 그렇게 분주하고 바쁘게 삽니까? 이제 그만 주님 앞에 설 수 있는 그날을 준비하기 위하여, 살아계신 하나님 앞에 부끄럼 없이 설 수 있기 위하여 내 인생에 덜 중요하다고 생각되는 모든 일들을 과감하게 포기해 버리는 결단이 정말 필요합니다.

1984년이라고 생각되는데, 미국의 폴 송거스라는 상원의원이 미국 대통령 지명 경쟁에 뛰어들었습니다. 상당히 똑똑한 사람인데 중간에 포기했습니다. 중도 포기 인터뷰를 하는데 그 내용이 제 마음에 큰 감동이 되었습니다. 그가 암에 걸려 있었습니다.

"내가 이 암 때문에 그만두는 것은 아닙니다. 수술하면 나는 상당히 오랫동안 더 살지 모릅니다. 내가 이 병에 걸렸을 때 내 인생을 다시 생각했습니다. '무엇이 중요한가? 내가 이 선거 운동을 위해서 진액을 짜내고 소모하는 이런 모든 것이 가치가 있는 것인가?' 그동안 나는 가족들과 함께 하는 삶을 너무나 게을리했습니다. 하나님이 앞으로 내게 시간을 얼마나 주시든 나는 내 사랑하는 아내와 가족들과 진지한 시간을 좀 갖고 싶습니다. 그리고 창조주 앞에 서야 할 준비를 해야겠습니다."

무엇이 중요합니까? 내 숨이 마무리되는 마지막 순간, 나의 생애에서 무엇이 성취되었기를 가장 바라겠습니까? 인생의 마지막 순간에 돌이켜보면서 나에게 무엇이 가장 소중한 일이었다고 평가되기를 원합니까? 하나님의 나라와 그 영광을 위해서, 중요하지 않다고 생각되는 일들을 과감하게 던져버려야 합니다. 정말 소중한 이 일을 위해서 내 삶과 인생을 바쳐 주님 앞에 서는 날, "주여 여기 부족한 종이 왔습니다. 그러나 최선을 다했습니다"라고 말할 수 있어야 하지 않겠습니까?

너희는 먼저 그의 나라와 그의 의를 구하라 그리하면 이 모든 것을 너희에게 더하시리라(마 6:33)